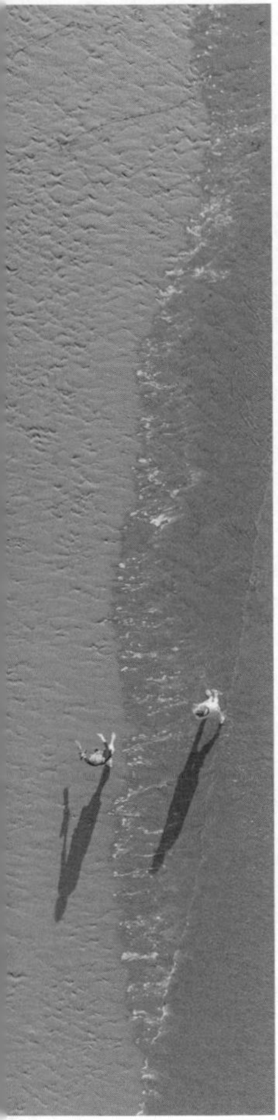

人間世

聖嚴法師——著

MATTERS
in the HUMAN WORLD

自序
祝願人間平安多

這本小書，是我的意外之作，沒有計畫，未做準備，但卻花了我不少的時間，耗了我相當多的心血。

記得是二〇〇一年春天的一個下午，旅居巴西經商的張勝凱居士，回臺灣到北投的農禪寺看我，他告知我要在臺北辦一份立場超然而有益於臺灣社會的週刊，定名為《開放》雜誌（*Open Weekly*）。我便承諾，可以比照《天下》及《康健》雜誌曾為我開闢的專欄，每週提供一篇採訪稿。

結果，便從當年六月二十日的創刊號開始，一個取名為「社會專欄」的採訪稿，就跟讀者們見面了。

這個專欄，每篇只要六百到七百個字，每期都以中、英兩種語文對照刊出。那是由該週刊的總編輯許淑晴女士派遣記者，來到農禪寺錄音採訪所寫成的文稿；每次採訪兩小時，可以向我提出五至六個當時社會大眾所關心的話題，要我做疏導式的回應，以期有助於社會人心的安定，以利於人生視野的開拓、生命品質的提昇、生活態度的調整、人際關係的改善，以及對於生活環境的重新認知。目的是讓社會大眾，都能有突破各種挫折阻礙的勇氣，也有接納各種不同族群、不同文化、不同意見、不同立場的雅量，並且發起自利利人做無限奉獻的大悲願心，使得生活在這個地球村中的每一個人，大家都能轉大好運。

但是，到了今年（二〇〇三年）春天，張勝凱居士再度到農禪寺採訪，一則對我提供的專欄致謝，二則告知我，由於某種因緣，他已決定要退出《開放》雜誌的經營了，因此我的專欄，維持了一年半，到第八十期刊出最後一篇，便結束了。

在這期間，擔任採訪執筆的是蕭仲淳女士，以及李德芳、王孟倫先生，成稿之後交由果禪法師及胡麗桂女士潤飾，我則偶爾過目了幾篇，亦未暇細讀。既然累積了七、八十篇，為了敝帚自珍，也為了紀念張居士的一番用心，便計畫編輯出版，並將稿子交到法鼓文化叢書部，經過篩選，便是現在本書的六十一篇短文。

到了今年七月，稿件又回到我的手邊，當我仔細校閱之後，發覺行文不統一、文字不流暢、內容不嚴謹，甚至表達也不夠明確，如果就這樣印成一本書，未免太粗糙了。原因是當我在口述之時，用的是普通談話的方式，沒有注意到遣詞用字的重要性，也未兼顧題意的周延性與文意的結構性，執筆者及潤稿者對於我的東西，又不敢對之增減什麼。

於是等到把稿件帶來紐約之後，在老病繁忙之中，起早待晚，抽出時間投注到這本小書之中。直至本年十一月下旬，總算完成了。除了少數幾篇，不需做多少修改之外，其餘各篇都經我逐段逐句地刪修增訂潤補。

原先發表之時，很少談佛法的修行，趁這機會，也讓讀者們淺嘗一口可以實用在日常生活中的佛法。由此可知，本書主要是寫給一般人士看的，初機學佛的佛教徒們也不妨拿來做為參考。

二〇〇三年十一月二十五日聖嚴寫於紐約東初禪寺

目錄

2

心靈與環境的對話

3

勇敢面對挫折

4

生活的指引

5

生命的智慧

1

新時代宗教觀

怎麼樣才算是佛教徒呢？

什麼是佛法？什麼是佛教徒？我經常有機會與各界人士相聚，見面時，他們常會主動表明說：「我不是佛教徒，而且我還沒有準備信佛。」一旦我問他們：「究竟什麼樣才叫作佛教徒呢？」他們也無法回答。

也有人跟我說，他信仰基督教。所謂「道不同，不相為謀」，那麼，不同信仰的人就不能成為朋友嗎？究竟什麼是「道」？「道」一定是對大家都有用處，大家都應該遵守、願意接受的事實，而且都願意照著去做，也做得到的。倘若彼此所信奉的「道」是背道而馳的，但只要是不以擾亂社會為宗旨，無論信奉任何宗教，彼此應該都可以成為朋友。

事實上，許多人的行為和佛教徒並沒有什麼不同，他們不做壞事，也不會影響他人成為壞人、惡人，能夠安分守己地努力奉獻自己，這樣的人，雖然尚沒有機會皈依三寶，只要運用佛法，能與基本的佛教倫理相應，我也承認他們是佛教徒。所以，在中國人的社會中，許多人並未有過任何的皈依儀式，但也承認他們自己是一個佛教徒。我有很多朋友不是佛教徒，但他們也都接受了佛法；因此，我認為只要你的心是善良的、正直的、是相信因果的，那也可以算是佛教徒。

既然如此，為什麼還要皈依呢？皈依的用意究竟為何？皈依主要的用意是承認自己是佛教徒，從此以後就要依照佛陀所說的觀念和方法去實踐。佛法有一定的標準、一定的方向，如果沒有皈依，雖然具備與皈依類似的方向和觀念，一旦周遭環境有了另外的因緣變化，很容易就會放棄，而改變了原有的方向、原則。這即是皈依和沒有皈依的差異。

那麼，佛陀所說的觀念和方法為何？譬如「八正道」、「四聖諦」和戒、定、慧，這都涵蓋了佛法的觀念與方法。但在新世紀的今天，我特別提出「四安」，也就是安心、安身、安家、安業，這是我多年來提倡「心」五四啟蒙運動中的一項。除了四安外，「心」五四運動的項目，尚包含了「四要」（需要、想要、能要、該要）、「四它」（面對它、接受它、處理它、放下它）、「四感」（感恩、感謝、感化、感動）和「四福」（知福、惜福、培福、種福）。四安是其中極為重要的一項運動。

因為我相信沒有人不願意身安、心安、家安和業安的，所以若能引導人們從安定身心、安定家庭及工作這四個方向來重新思考人生的價值，導正人們對於科技文明、物質享受的過度依賴，回歸勤儉素樸的生活，建立清淨少欲的人心，這才是解決當前問題的根本方法。

如果每一個人都能接受這個觀念，其實就等同於在推行、響應「四安運動」，如此一來，無論有沒有皈依，只要願意接受這樣的觀念和方法，就是已經在修行的佛教徒了。

穢土化為淨土

佛教的修行其實是相當積極的行為，因為它能夠改變過去所造的業力，淨化身心，將穢土轉化為淨土。

但是，許多人認為佛教的修行是消極和厭世的，這種看法源自於宋朝以後，儒家對佛教的曲解，而佛教徒自己也甘於和社會脫節，消極地避居到山裡修行，自然給人消極和逃避現實的印象了。

事實上，釋迦牟尼佛的教法並非如此，他為解救眾生之苦而出家修道，在他成道之後，並沒有逃避現實的人間，仍然留在世間弘化了四十多年；佛陀當時的阿羅漢弟子們，也多半是以遊化人間為主要工作的大宗教家。但是後來的演變，讓一般人對佛教有很大的曲解，而這種曲解到了二十世紀初，因為佛教界的幾位大師，特別是太虛大師，開始提倡「人成佛即成」的「人生佛教」及「人間淨土」，佛教徒們才開始漸漸回歸到佛陀的本懷。

我們法鼓山所提倡的淨土思想中，就包含了「人間淨土」的思想，這和《觀無量壽經》所說的一樣：修淨土不是只念阿彌陀佛、發菩提心就好了，也不是一直躲在西方極樂世界。而要在尚未往生之前，在人間勤修三種淨業、福業，即使到了西方極樂世界以後，還要倒駕慈航，再到人間來度化眾生，然後才能成就佛道。

修三種淨業、福業，是為了淨化我們過去所造的種種業。「業」大致上可分為定業、不定業，共業、不共業，輕業、重業等。如果是定業多半不容易轉，但也並非完全不能轉；靠著先天帶來的福報與業報，如果經過後天的修行，是會有所改變的。歷史上就有像袁了凡那樣的人，因為精進努力修行，再加上有善知識指導，結果壽命延長、功成名就、家庭圓滿的實例，這都說明了業報和修行的因果關係。

但有人會懷疑，為什麼有的人一生都在做壞事，總是鑽法律漏洞，造了很多惡業，卻子孫滿堂、事業順利，甚至還能壽終正寢？而有的人一生做了諸多善事，救了很多人，但卻沒有壽終正寢，反而是招致橫死、慘死？

對於這個問題，總是不斷有人來問我，我的回答總是說：你只要相信，人有無量無數的過去世與未來世，這個問題就不存在了。如果你不相信有過去世的業、有未來世的果，這些問題當然就會困擾你。

其實，這都和過去世的種種業力有關。在整個生命過程中，這一期的生命只是冰山一角，是短暫的、是一閃而過的過程。然而我們卻不知道，在過去無量無數的時劫裡，曾經造了多少惡業、善業，等到業力成熟時，自然會受報。這就是佛教所謂的「因果不可思議」，也是一生之中，為何有人受惡報，有人受福報的原因。

話說鬼月

農曆七月俗稱「鬼月」，也就是所謂鬼門開的日子。這其實是民間的信仰，要追溯其思想源頭，大約是在上古的商周時期。當時，每到了七月，天子便會祭祀祖廟，以表達對祖先的敬意，而大家也相信人死之後，會回到祖先的身邊。這種對祖先的崇敬是一種美德，《禮記》中也特別強調這種孝道的精神，這種思想到了漢代，便慢慢轉變成為民間的習俗。

漢文化的民間信仰認為，人死後就是要回歸來處，而「鬼」與「歸」

恰好又是諧音，因此到了陰間的人類就變成了鬼，一年之中的中元節則是敬鬼的日子。因為陽間的人只有在中元節才能與陰間互動，亡者也只有此時能回到陽間探視親人、享用供養，所以人們都在此時祭祀祖先，表示對祖先的感恩，而中元便成為清明以外的另一次祭祖大節日。但因為人們害怕無主的孤魂會來騷擾，所以也會舉行各式祭儀，來普度遊散的孤魂野鬼。

在印度的佛教恰巧也有類似的信仰，根據《盂蘭盆經》所述，佛陀十大弟子中，神通第一的目犍連，因為擔憂生前慳吝的母親過世之後的下落，便以神通觀看，結果發現母親墮落在餓鬼道，受盡飢餓的痛苦。於是運用神通力想幫助母親脫離苦痛，無奈即使是神通第一的他也使不上力，只有向釋迦牟尼佛請示解救的方法。

由於在當時的印度，從四月十五日到七月十五日是長達三個月的雨季，所以釋迦牟尼佛制定在此期間，出家人必須結夏安居，於定點禁足修行，不能到外面行腳托缽，一直到七月十六日解夏為止。而七月十五日這天稱為「僧自恣日」，散居於同一區域內的僧眾必須集合在一起，做一次坦誠的檢討和報告。由於經過三個月的密集修行，有很多人得到很大的進步，甚至證果成為聖者，而供養初成道的聖者或剛修行完成的行者的功德很大。所以佛陀告訴目犍連，可以選在這一天，藉著大眾聚集在佛前的機會，以飲食供養這些出家眾，以此功德超度母親的罪業，這樣母親便能脫離飢餓的痛苦。

因此，以後每到七月十五日這天，佛教徒便會供僧以救度餓鬼道的眾生，這就是盂蘭盆節的由來。而梵語的盂蘭盆（Ullambana），原意為「救倒懸」，也就是解除地獄之苦的意思。這部《盂蘭盆經》傳到中國之後，正好與漢文化的「鬼月」傳說相應。

當然，所謂的鬼門開，並非真有一道鬼門會被打開，鬼道的眾生便跑了出來；必須是人們為陰間眾生做功德的心念與之相應，他們才會來接受祭祀；若是沒有人為他們超度或祭祀，他們也不會出來。因此，認為鬼月諸事不宜的想法，其實是心理因素；其他非漢民族的地區，既然沒有鬼月的傳說，也就沒有這些禁忌了。

若從精神層面來看，漢民族在中元節祭祀祖先，是對祖先感恩的表現，而佛教的盂蘭盆節也是孝順的表徵，所以現代佛教徒稱農曆七月為「教孝月」。但是，孝順父母最好是在父母生前的時候，做子女的平常就該多關心父母，勸請父母要有宗教信仰，不要等到父母百年之後，才想到要來供養超度，那便是輕重顛倒了。

恐怖主義與宗教

一般人提起恐怖主義，大多會想到二〇〇一年的九一一事件；之後，不定時、不定點的攻擊行為，更加深了人們的恐懼和仇視。其實恐懼和仇視多半是覺得不公平、不安全、以及因宗教的偏見而產生的，如果我們能真誠地了解他們行為背後的種種因素，就能以慈悲心來看待他們，進而運用智慧來徹底解決問題。

伊斯蘭教，過去我們多半稱之為回教，它是國際性的宗教，興起於西元七世紀時，教主為穆罕默德，他的宗教信念傳播至今已經超過一千三百年。初期發展的相當快速，從中東到西南亞、東南亞，然後再傳到非洲，現在全世界信仰伊斯蘭教的人口約十三億、三十多個國家，僅次於天主教，可說是世界第二大宗教。伊斯蘭教國家彼此間關係密切，但有些比較開明，有些比較激進。開明的能夠接受宗教多元化的觀念；激進者即基本教義派，他們的言行較偏激，認為全世界都該由阿拉所統治，都是阿拉的子民，凡是不信奉阿拉的人，都是邪惡的危險分子，特別是和猶太教及基督教國家間的歷史冤仇難解，便經常造成激烈的衝突。

這種思想非常可怕，但並不是所有穆斯林都是這樣，我就曾經遇過不少開明的穆斯林，他們非常友善。所以根本的問題是在於少數比較激進的教派，他們較不容易參與其他宗教的活動。事實上，目前世界宗教界的許多領袖們也都在想辦法，要和激進派做朋友，雖然大家非常努力，但是成果仍然有限。

例如現代的天主教，他們不僅反對戰爭，也希望與全世界的宗教進行對話。全球很多宗教都十分響應天主教羅馬教會的號召，譬如東正教、佛教和印度教。伊斯蘭教中屬於開明派的領袖，還有地方性的宗教，如日本的神道教、中國的道教，也多少會參與這樣的活動。唯獨伊斯蘭教及基督教的基本教義派很少參與。

進入二十一世紀，現今人類社會的發展已朝向多元化，大家應該要尊重所有的宗教，不要做出違背人類社會基本倫理道德的事。凡是主張相互敬愛的宗教，都應該視同自己的宗教；換言之，宗教的產生都是為了愛人、愛眾生，根本不可能鼓勵信徒去殘殺人類、毀滅世界。而且無論是要上天國也好，要生淨土也好，其先決條件一定是要對人、對眾生有慈悲心，這是必然的道理，也是共通的趨勢。因此，認為殺人會增加升天的機會，或是殺了敵對的異教徒愈多，自己在天堂的功德就愈大，這種觀念已違背了二十一世紀人類思想的大趨勢。

置身於民主化、多元化的二十一世紀，一般伊斯蘭教徒對此都有了共識，只有少數基本教義派仍然堅持自己的信仰，以暴力排斥其他宗教。但是未來仍是充滿希望的，因為只要基本教義派的國家能多了解多元文化，這種狀況就會改善。為防止我們的地球因宗教衝突而毀滅，讓激進的宗教徒們認知、了解二十一世紀寬容的宗教觀，乃是所有各宗教的責任，也是所有伊斯蘭教、天主教、基督教、佛教徒等應該努力的事。

對於二〇〇一年九月十一日在美國紐約及華盛頓發生的恐怖攻擊，我們應該以沉痛的心情為罹難者哀悼和祈禱。但這起事件，並不全是宗教信仰的問題，尚有長期以來的民族偏見及民族仇恨。面對如此複雜的狀況，以暴制暴、冤冤相報，只會讓事情更混亂，只會把世界帶向更恐怖的局面，一味地訴之於武力來殺戮恐怖分子，將會製造出更多的恐怖分子。所以還是應該從根本問題來化解與疏導，待之以寬恕及慈悲，並用高度的智慧來處理，否則人類的命運將不堪設想。

佛教對占卜的看法

不論在西方或東方，自古都有占卜、星相這個行業。他們給人的指點，聽起來好像都很有道理，因此不論學識深淺、地位高低，有不少人士對此非常著迷，就連一些唯物論者，表面上雖說不信，實際上多少也是半信半疑。

不過，占卜本身不全是純精神現象，甚至可說是一些物理現象；它是經驗的傳承，是自然規律的呈現。因此，佛教也不會說占卜完全是無稽之談，唯我個人卻不會迷信。

因為即使紫微斗數、八字命盤、麻衣相術等，真的可以算出一個人的命運，可是同年同月同日生的人其命運會完全相同嗎？就算是同一秒鐘出生的人，也會由於出生的家庭背景、地理環境不同，而有不一樣的未來。何況對於以往的命相，算得再準也沒有什麼用處，因為未來的命運是可以隨著個人心行的調整而改變的。

另外，如果凡事依賴算命，也會讓人的生命失去彈性，很可能每天出門前都要先算一下：幾點鐘出門比較好？要向南走、還是向北走？如果是相信方位的人，每天還必須把桌子搬過來、搬過去，睡覺的床位也一再變更，弄得疑神疑鬼，生活變得綁手綁腳。這樣的人便是自己困擾自己。

我這一生也算過幾次命。曾有一位精通紫微斗數的居士幫我推算，他排好命盤後，告誡我在某一年，不要靠近火，在某個方位不可以靠近水。我想這糟糕了，因為電燈也是火，打火機、手電筒、火柴、燒香、點燭、廚房、電風扇等等，都是火；水必須喝，洗臉、漱口、上廁所、洗衣服、洗澡也一定要水，不能靠近水，那該怎麼生活？他就說，那靠近小火、小水就好，不要靠近大火、大水。事實上，真要因為火及水而死的話，不論大小多少，都會死。所以我並沒有因為他說的話而緊張害怕，只能感謝他幫我算命，給我忠告了。

後來又有一位高人幫我算命，他說我只能活到六十多歲，因此六十歲之後，一定要收斂，不宜再到處奔走，好好頤養天年。但是我還是一樣到處奔忙，今年我已經七十多歲了，超過六十多歲已有十多年了。

幾年前又有人來幫我算命，說我未來的命應該已經沒了，因此懷疑我的生辰八字是不是弄錯了。照理說我應該是個死去的人，怎麼還健在呢？我開玩笑地對他說：「可能是閻羅王忘了我的出生年月日吧！」

由我的經驗可以知道，算命就算很準，也幫不上什麼忙。所以我奉勸大家，不一定要算命看相，自己的命運，要靠自己的毅力、努力來主宰，命運是掌握在自己心中的。

如何看待預言

曾經有一陣子到處流傳第三次世界大戰即將爆發的預言。事實上在我們的記憶中，每隔幾年就會有個大預言出現，這些預言講得繪聲繪影，可是到了預言的當天，卻都沒有兌現。

一九九四年臺灣出版了一本書名為《一九九五閏八月》，作者根據世界史及中國史的蛛絲馬跡，推衍出臺灣在一九九五年的閏八月時，會遭受來自中國大陸的軍事攻擊。這本書問世的時候，媒體大幅報導，洛陽紙貴，幾乎人手一本，連我也看了，但現在已經進入二十一世紀了，那個大預言的事情並沒有發生。

以美國九一一危機事件來說，在爆炸案出現之前，並沒有傳出有人預言會有恐怖分子出現，也沒有人預言恐怖分子會從哪裡出現，如果預言家有這種能力，早在恐怖分子炸毀紐約世貿大樓之前，就應該要說出來了。

至於事件當天，有很多奇妙的因緣，例如，有一個人原本要搭乘九一一當天某一架失事的班機，後來陰錯陽差沒有搭乘，而換了另一個人上了那架班機，然而他並不是靠著任何預感的能力才躲過這次劫難，只是碰巧如此。

另外，在幾年前，有一個屬於某新興宗教的一批臺灣人到美國的一個小鎮，等待飛碟的降臨，希望搭著飛碟升天，許多媒體也都湧到那個小鎮，等著拍攝他們升天的鏡頭；這個團體的領導人及他們的信徒，都相信這個預言一定會發生，可是到最後卻沒有兌現。

三國時代的諸葛亮、明朝時代的劉伯溫，很多人說他們兩人除了能夠往前推算以前的事，也能往後推算以後的事，但這只是傳說，未必是真的；諸葛亮和劉伯溫都是大軍事家，只能說他們很有先見之明。這就像一個人如果能熟讀《孫子兵法》，並練習得透徹，運用自如，就能用兵如神了。

只要在某個時代出現一位有高度幻想力的人，多半都會有預言出現，但是這些預言通常只是推測或想像，除了增加茶餘飯後的聊天資料外，對於實際的生活，不會有什麼幫助。一般人若相信預言並且加以渲染、傳播，那就變成了謠言。所以在我們聽到新的預言出現時，可能只是謠言，把它當成趣談的話題是可以的，信以為真則不必了。

死後的世界

大家都貪生怕死，原因很複雜，簡單來說，人們總是貪戀身體、眷屬、財富以及名位。其次，對於死後的世界全然陌生，就像是出遠門，要到一個遙遠而從來沒有去過的地方，也未見到有人來迎接，也沒有親自收到相關的資訊，因此便對死亡心生恐懼。還有，對於死後世界那個屬於靈或精神的自我，是否存在，也無法確知。在這多重的未知與恐懼下，許多人便不願面對死亡。

曾經有一位居士的母親在彌留之際，有許多人前去幫忙誦經念佛，沒多久她往生了，兩、三個鐘頭後，在場的很多助念蓮友，包括這位居士，都聽到她母親參與念佛的聲音。幾天後，她弟弟甚至夢到母親現身摸著他的頭說：「我現在很好，你不用掛念。」有類似經驗的人，對人死後仍有精神存在的信心就會很強烈，對死亡也不再恐懼。但是大多數人並沒有類似的經驗。

依照佛教的說法，往生的情況有兩種：一種是跟隨業力往生，一種是跟隨願力往生。跟隨業力往生，是隨著這一生所造的業力，加上累生累劫所造的業力去投胎，其中以這一生的業力最明顯，過去生的業力仍然存在，只是力量較弱。另外有一種情況是跟隨願力往生，這又分為兩類：一是發願再回到人間來修行，以人身來度化眾生；在人間有修行慈悲的機會、有持戒的機會、有修定的機會，人間的環境比較容易修福修慧，所以很多修行有成的菩薩都發願再來人間廣度眾生。

但末法時期的眾生，善根不夠，很多人沒有把握下輩子能不能再生到人間，害怕墮落到三惡道中，也擔心即使再到人間會忘了曾發過的菩提心願，而不能繼續親近佛法；所以釋迦牟尼佛開了另一個方便法門，就是鼓勵大家發願往生西方極樂世界，這就是第二類的隨願力往生佛國淨土。

極樂世界是阿彌陀佛的願力所成，在彌陀經典裡提到，只要有人在臨命終時，願生西方極樂世界，不論你在世時修行如何，都能往生極樂淨土；到了那裡蓮花化生，見佛聞法，繼續修學，等到修行有成，位階聖品之後，不再迷失退墮，才重返娑婆世界，廣度眾生，直到悲智圓滿，完成無上的佛果。不過極樂世界仍是個過渡的進修園地，在那裡修行成功後，還要化現種種身相，利益救度一切眾生。

人間有水災、火災、風災、地震、刀兵、疫癘等災難，極樂世界不會有這些災難，那是一個沒有生老病死苦、沒有天災人禍的淨土。那裡的佛，稱為「無量壽佛」，不但佛的壽命無量，眾生的壽命也是無量，因為眾生都是蓮花化生，所以不會生病，也不會衰老、死亡，同時在修行的路上也不會退步，可說是成佛的保證班。

除了西方彌陀淨土，尚有許多不同的淨土，例如兜率內院的彌勒淨土，只要發願往生，死後便即往生，得以親近彌勒菩薩，待彌勒菩薩下降人間成佛之時，便隨同來到人間，同在人間建設佛國淨土。

正信的宗教

一個人有沒有宗教信仰，通常與他的生活環境密切相關。若有要好的親友信仰某一種宗教，自己多半也會跟隨去信仰；有些人則是從書本接觸到宗教，有的是從新聞報導中獲得宗教的訊息，如果覺得某一宗教和自己投緣，便會接受此種信仰。也有很多人不知道自己要信什麼宗教，一旦因緣際會接觸某種宗教的人士向他宣導之後，使他覺得這大概就是自己所需要的，也是值得信仰的宗教，於是就接受了。

宗教有健康的，也有不健康的。健康的宗教能使人建立自利利人的人生觀，能改善不良的生活習慣，能對人格健全與道德養成，提供啟發性的訓勉。因此，只要符合「對社會大眾有利」、「對家庭和樂有益」、「對身心淨化有助」這三項條件的宗教，就是健康、正確的信仰。什麼是不健康、不正確的宗教信仰呢？就是違反自然規律、違背社會道德、有損身心健康的信仰，就不是正信的宗教。

然而一般人對宗教的認知，大多是不太正確的；例如當你遇到疑難雜症，遇到霉運連連時，便去求神問卜，或向所謂的仙人、異人、奇人、高人請求指點迷津。他們告訴你，要幫你如何如何地消災解厄，這算不算是健康的宗教呢？值得商榷。這些神異之士，多少有些神祕力量，譬如說會看三世因果，預知未來等事。如果十個人中能說中二、三個，就會有很多人來參拜；如果十個案件說中五個，大家就會認為他能料事如神了。

但是這些人的話，實際上並不可靠。依賴這些人，便無法培養你的自主性，也失掉自信心。雖然在某種程度上可能有用，卻非絕對有用，也非永遠有用，只是暫時對若干人有用。所以這種信仰是不健康的假宗教。

宗教並不否認神通，也不否定「感應」的存在，不過真正有神通的人並不多，而正信的宗教也絕不會以此來招攬信徒。有些修禪定的禪師是有神通的，但他們的日常生活如同普通人一般，不會靠顯神通來教化眾生。就我個人來說，我沒有神通，但許多弟子希望我有神通，也感覺我有神通，其實那只是修行者和弟子之間有心靈上的若干互動，決計不是真有神通。修行的目的，也不在於心靈上的互動。

有些宗教師，對宗教的理論觀念不太清楚、不夠深入，也無法以正確的修行觀念和修行方法來指導人們修行，就只好賣弄神奇了。像這樣的宗教師，如果不為財色名利，沒有欺世惑眾的邪念，危害尚不大；否則只要有人遇到他們，必將大受傷害。所以在選擇宗教信仰時，還是小心為是。是否正信？可以用前面提到的三項條件來檢驗，那就是對社會、對家庭、對身心，必須是有益無害的。健康的宗教，是人格及精神的修養，不是靈異神奇的迷信。

恭迎佛指舍利的省思

二〇〇二年，佛指舍利從大陸被迎請來臺灣，供民眾禮拜瞻仰約一個多月，具有多重意義。首先，是藉此說明宗教是無國界的，釋迦牟尼佛誕生於印度，他的佛法傳到中國，由於教義的偉大，產生了普遍的感化力，不僅使人們對佛陀產生景仰，並對佛陀的舍利禮敬供養；但這舍利信仰，並不等於一般宗教的聖物崇拜，而是代表著佛陀的偉大人格。

第二點，佛指舍利雖然埋藏在中國大陸西安法門寺地宮內一千年，現在由於佛法已遍布全世界，人們為了緬懷佛陀教化的恩澤，印度的佛陀遺跡以及傳到中國的佛陀遺物，也成為佛教徒致敬的中心，成為佛教聖地及精神信仰。

然而，並非每個人都有機會去印度或中國大陸瞻仰佛陀遺物，巡禮佛陀遺跡。這次佛教界恭迎佛指舍利來臺，能使臺灣人近距離感受到佛陀確實曾經存在我們世間。過去，他將智慧財產給予我們分享，但是我們並無法直接對佛陀表示感恩，平常禮佛也只能禮拜泥塑、木刻、銅鑄、石雕的佛像；但是當佛指舍利來臺後，人們好像親近到了兩千五百多年前的釋迦牟尼佛本人了，對佛教倍感親切，同時也藉由這個機會，使我們知道見賢思齊，堅固我們對信佛學法的信念。

第三點，佛教雖然在中國大陸有悠久的歷史，從古至今出現過不少傑出的大師，然而佛法在現今的中國大陸並不普及，多數民眾分不清佛與神的差別，去看佛指舍利也是抱著求福報、求感應的心態，那是屬於民間信仰的層次。但是趁此次佛指舍利來臺的因緣，兩岸佛教界也一再強調，不宜將舍利當成神格的圖騰來膜拜，不該向舍利求神蹟、求靈應等，這種觀念多少糾正了迷信的風氣。

第四點，中國大陸分批派遣了七、八十位護法的僧俗工作人員，護送舍利來臺，使他們見到臺灣民眾對佛指舍利的信仰熱忱後，再透過媒體在大陸的報導，對大陸正信佛教的成長，一定很有助益。

不過，當佛指舍利在臺灣巡迴展示一個多月，送返大陸之後，對臺灣的佛教徒，也應有一些反思。因為宗教信仰有一部分是來自感性，如今大家在感動之餘，必須向前進一步，從感性而落實到佛陀遺教的實踐，那便是「以慈悲待人，以智慧處事」，否則光是頂禮崇拜佛陀的舍利，仍然停留在民間信仰的層次，那是絕對不夠的。

其實，釋迦牟尼涅槃之後，他遺留給人間的，有兩類舍利，一是肉身舍利，一是法身舍利；佛的遺骨是肉身舍利，佛的遺教是法身舍利。一般民眾只知道供養肉身舍利，以求福報，學佛弘法的人，則更應實踐佛的遺教，那便是供養佛的法身舍利了。

後現代佛教

許多人對我的學佛之路感到好奇，想知道我為何在最困頓的時候，甚至在軍中期間，仍不放棄學佛的理想？

我之所以學佛，和我生長的環境有關。在接觸佛教之後，由於佛法讓我受益良多，因而死心塌地追隨佛陀的腳步，一步一腳印，希望朝成佛之道邁進。

但我並不是個盲目的跟隨者，當我二十多歲的那個年代，很多人對佛教採取歧視及批評的態度，連佛教徒自己都誤解因果的道理，以為未來是無法改變的，命運是無法掌握的，把佛家的因果觀，說成了宿命論，使得佛教的人生觀變得非常消極、厭世、逃避。但當我理解了一點佛法之後，才知道這是變了質的信仰，並非佛陀的本懷。真正的佛教應該是活用、實用、積極、入世且為關懷人間疾苦而設的，尤其是大乘的佛教，除了要自利外，更強調要利他，要有利益一切眾生的心願。因此我在二十至三十五歲這段青年期，寫了不少文章，批判那些抱持逃避主義的居士與出家人。

時至今日，臺灣的佛教已不是當年清末民初或是傳統叢林式的佛教。現代化佛教的發軔，是因民國初年太虛大師大聲疾呼「人生佛教」、「人間佛教」、「人間淨土」，他的學生印順導師，也根據《阿含經》提倡「佛在人間」，以呼應太虛大師的「人成佛即成」的理念。我的人間淨土的思想，雖跟他們略有不同，卻也深受他們的影響。事實上，包括今日臺灣的佛光山及慈濟功德會，也受太虛大師以及印順導師理念的影響所及，以活潑、積極的方式弘揚佛教，將佛法融入人間大眾的生活中。當然，現代化的佛教，在運作方式上也向天主教、基督教學習了不少，例如推展慈善事業、創辦醫院，以及設立各級學校、運用週末弘法等，都是現代化佛教的面貌。

佛教有各種層次，有屬於信仰的、有屬於理論的、有屬於禪修的，也有屬於哲學觀念的；各類不同的人，都可從佛教獲得各類不同的利益。因此佛教是有教無類的宗教，是遇深則深、遇淺則淺的宗教，任何階層的人都能從中獲益。

以此可知，大乘佛教的彈性是很大的。不過，佛教的基本原則是不能離開因果論及因緣觀的，也不能離開慈悲心與智慧心的。相信因果便不會怨天尤人，相信因緣便能夠積極努力而又能看破放下；關懷普天下的眾生，卻不以自我中心為出發點，便是悲智雙運。這就是現代化的佛教所要實踐的，而這也正是我們社會所需要的。

現代主義的西方社會，強調個人與自我；所以後現代主義是以個人為立場，對社會提出批判與解構。如果從這個角度來看，佛教則是以無我為立場，一旦解構了每一個立場，豈不就是無我的立場呢！佛教教我們要不斷打破舊有的框架，不斷融入現代不同文化的社會，這似乎就跟後現代哲學接軌了。

宗教與新興宗教

許多人以為，凡是有崇拜儀式的行為，就是宗教信仰，對於宗教的類別，實則並不清楚。又有認為，凡是宗教，都在於勸人為善，對於善的層次，也不清楚。其實宗教的種類可區分為國際傳統性宗教、地方區域性宗教，以及民族民間性宗教。又有多神的、一神的、二神的、無神的不同信仰，其間善的認知及善的層次，也不相同。另外，幾乎每個時代、每個地區都有通靈的人士會自創宗教，他們不論是否有修行，或是有沒有受傳統宗教的影響，學術界都將之稱為新興宗教。

新興宗教也有很多種屬性。有一種是與傳統的國際性宗教結合，假藉傳統宗教當外殼，宣導他們自創的信仰，就像海邊的寄居蟹，借用貝類的外殼做為自己的防護工具。多半的新興宗教，都屬於這一類，都會依附傳統宗教的若干經典或經句，創造出適合他們所需要的詮釋。

另有一種新興宗教，不借用傳統宗教而自創一派。他們創教的教主，很可能自己會降神、降鸞，以透過神靈附身及附物體來獲得神的啟示，這些人通常自稱是某某大神、某某大仙、某某佛菩薩或某某歷史名人。而他們的經文都是透過口述，也有透過乩童降鸞記錄成文，稱為聖書、道書、聖訓。至於民間宗教與新興宗教的界限，在於民間宗教只有信仰崇拜，沒有宗教哲學的理論架構；新興宗教除了具有宗教的信仰中心之外，也會傳達自己的哲學架構。

新興宗教好不好？事實上宗教不能以新舊來判別好壞，任何宗教在剛創教時，都是新興宗教，包括佛教。在釋迦牟尼佛時代，相對於印度的古婆羅門教而言，釋迦牟尼佛的沙門團便是新興宗教；天主教、基督教相對於當時的猶太教來說，也是新興宗教；伊斯蘭教對天主教、基督教及猶太教來說，也是新興宗教。

新興宗教理論化之後，如果對人間倫理社會道德有正面的輔導功能，時間久了就會成為正統的宗教派別；但如果被有強烈權力欲望的領導人利用，很多問題就會隨之而來，例如幾年前發生在日本的奧姆真理教鼓勵殺人或自殺，就是非常危險的新興宗教。

宗教信仰原本能為人類帶來幸福，但是一些投機或野心分子，會利用宗教做掩護，圖謀私人利益；或者是只肯定自己的信仰，否定他人的信仰，因而製造宗教上的衝突和族群間的矛盾，這樣的信仰便為人類帶來傷害及災難。

所以，不論是哪一類的宗教，應該要在不同信仰的族群之間，互相尊重，彼此諒解包容，不應猜疑敵視，應該要彼此觀摩，取長補短。唯有如此，宗教才能為人類文化灌注活力，人類也才能真正從宗教信仰中，得到共存共榮的和平與幸福。

如何處理民族、宗教與政治的糾葛

長久以來，有部分宗教徒彼此之間，經常處在劍拔弩張的緊張狀態中。其實，所謂的宗教聖戰，多半有政治因素的涉入；僅僅是宗教與宗教之間，尚不至於大動干戈，一旦宗教與政治權力牽扯上關係，就可能有彼此殺伐的戰事發生了。

很不幸地，在歷史上，宗教經常受到政治野心家們的操控，這是因為宗教的生存發展，需要政治勢力的保護和協助，政治人物為了權力的鞏固與擴張，往往會利用宗教的服從性，以及對神與天國的絕對信心，做為對不同族群、不同國家、不同宗教，用兵征討的藉口。

即使是宗教本身，有時也會由於不同宗教、不同教派之間，為了自求生存，或者希望強大自身的勢力，而借重政治權力來對付異己，因而導致戰爭。戰敗的一方，往往會被征服、消滅，而被迫接受勝利者的宗教信仰。

人類歷史上不乏宗教戰爭的例子，甚至在同一種宗教的新舊教派之間，也有戰爭。如果牽涉到政治、宗教與民族的生死存亡，問題就更形複雜，因為自身若不壯大、發展，隨時就有被侵蝕、分化與滅亡的危機。特別是部分民族與宗教的依存關係，緊密不可分割，他們沒有所謂信仰自由的空間，民族與宗教是一體的兩面，政治與宗教也就不容易分出界限來了。因為政治是管理民族的事，宗教是民族根源的信仰。一旦宗教沒有了，民族也就跟著滅亡，所以為了民族的生存，宗教徒必定抗爭到底。

縱然全世界只剩下一個宗教，也不一定就能保證沒有宗教戰爭。只要大家對於神的認知、對聖典的解讀不同，即使是同一宗教，也會有衝突。因此可以說，宗教本身沒有問題，神也沒有問題，而是有人就可能有問題。人的問題則與各種不同的政治體制、民族特性和文化背景有關，這包括了宗教徒對信仰的理解及認知的歧見。

對佛教徒而言，原則上是關心政治，而不運用政治勢力的；雖然佛教也需要政治的保護，但不會以左右政治來壓迫非佛教徒。宗教應該是超越民族界限及國家界限的，尤其到了二十一世紀的今天，在這全球多元文化的現代社會中，我們必須是宗教歸宗教、政治歸政治、民族歸民族。不要把宗教當成政治的工具，也不要把宗教視為一個民族生死存亡的依據。

切勿將宗教的信仰與民族的存亡、政治的興替纏綁在一起，因為民族屬於血統的，宗教屬於信仰的，政治屬於管理的；民族是傳承的，信仰是自由的，政治是必須經常興革的，三者屬性完全不同，豈可糾葛不清呢？

2

心靈與環境的對話

開放的心境

一般人思考事情時，總是喜歡從自己的角度來看，所以遇到挫折時，若不是怨恨他人，就是覺得自己很差勁、沒有前途，心情因而變得很沮喪、無奈，意志也跟著消沉；但是，遇到順境時，又覺得自己的福氣好、能力強、貢獻大，彷彿有著三頭六臂，可以呼風喚雨、八面玲瓏。

其實，這兩種極端都是錯誤的想法。無論在得意或失意時，都不應該忘記環境的力量，畢竟事情的成敗必須靠全體環境來配合。當然，會身處在這樣的環境中，自然和過去所累積的功德及所造的惡業，脫離不了關係，但是我們不能只思考到過去的功德或罪惡，而忽略了目前的現實狀況。

以我個人為例，最近因為經常和宗教界、政治界、工商界等世界級的大人物一起開會、座談、對談，很多人都將之歸諸於我的成就。但我並不以為自己有多大的能力，有什麼了不起。因為如果現今的環境仍然像過去那樣，是非常封閉的時代，是威權偏執的社會，我就不可能成為一個公眾人物。我之所以成為公眾人物，完全是出於整個大環境的改變，大環境需要像我這樣的人，大時代允許我有奉獻心力的機會，於是我就應運而成了具有相當知名度的宗教師。

因此，我應該感謝大時代、大環境的改變，我的成功與成就，不應該歸功於自己，而是屬於這個時代環境中的全體大眾。所以我相信「時勢造英雄，英雄造時勢」這句話，因為有時代環境的需求，所以有適時的人物出現。我不是英雄，我只是因為這個時代環境的關係，而用上了我的心力。能如此想，我就不會驕傲、自大、自以為是，以為自己能力很強了。所以我們每一個人，不論身處哪個行業，都應該要有遠見，要有遠大的看法和心胸，不能只就自己眼前的狀況或利益去考量，這樣才不會老是在自卑與自滿之間擺盪。

所謂心胸廣大，眼光看遠，就是open mind。雖說「開放」，但並不代表沒有原則，也不是空口說大話。而是要先確立大方向和遠目標，為眾生設想，為長久打算，然後放開心胸待人，腳踏實地處事，這才是真正的開放。

目前臺灣正面臨一場大考驗，有很多人都因失業而陷入失望之中，甚至到了痛苦的谷底。在這個時候，我們除了思考是否是出於個人的問題外，更應該思考大環境的因素，別忘了逆境也是因為環境的關係而存在，所以不要覺得自己太失敗、太失落。即使是因為沒有好好把握機會用力、用心，並且太大意、太驕傲，那也只要自我反省，立即改進就好，不必耽溺在悔恨的痛苦中。

無論發生了好事或壞事，好事不必得意忘形，壞事不必焦頭爛額，那都是由於因素機緣所促成，不如面對它、接受它；並以客觀的角度來反省，找出問題形成的因素及思考因應的辦法，進一步運用一己的所有及所能來處理它；處理之後就可以放下它了，讓一切都成為過去，不必沾沾自喜，不用耿耿於懷；這就是我常講的「四它」哲學。其實只要擁有「四它」——面對它、接受它、處理它、放下它的智慧心，就能夠在順境及逆境中遊刃有餘，自由自在地向前看、向前行了。

我經常是以這種方法來幫助人，因為我也是這麼一路走過來的。雖然我經常遇到失敗，但也好像經常是成功的，成功與失敗不是絕對的，當遇到失敗時，卻往往也是成功的轉機。

化混亂為祥和

每個社會都會因為民族、宗教、政黨、行業的差異，造成想法、作法、表達意見方式的不同。在這種情況下，生活在同一個大環境中一定會產生妒嫉、猜疑、衝突等狀況。同時，世界的潮流是多元的，每個地區也都會受到世界環境影響而變動，如此種種都容易造成社會的動盪，臺灣自然也不能倖免。

如果分析臺灣社會動盪的原因，會發現其實很多事件都是亂中有序，事出有因、周而復始，而使得環境一直在變，這是「動」，不是「亂」。

如何因應這種變化快速、複雜的社會環境呢？我的建議是，能夠不動就不動。例如：大家一窩蜂說某部電影好看，非看不可，自己沒看過就顯得落伍；哪首流行歌曲好聽，自己不會唱，甚至也不知道有那首歌曲，好像就不夠時髦。如果因此而跟著大家追逐流行，就不免心浮意亂了。其實，只要自己不為所動，就不會被捲入類似的漩渦中。

風氣是創造出來的，因此人們可以想出新的觀念，或新的風格來取代、改善現實混亂的環境。譬如我們法鼓山提倡「心靈環保」，強調觀念轉變、心靈健康、心靈淨化，這對大多數人都有用，不論是不是佛教徒，不限定哪一種宗教，如果能從自己著手來改變混亂的風氣，社會亂象就會少一些。

心靈環保是一種內心的反省，反省自己的內心世界。例如，凡是自私的想法，便會跟別人衝突，到頭來也會讓自己受到衝擊，讓自己不舒服；所以，為什麼要使自己痛苦而不讓自己快樂呢？最好是放棄自私，以開放的心胸接納他人，化解痛苦轉為喜悅，不要讓自己的心被汙染、受傷害，這就是心靈環保。

一般人通常會以自私心來保護自己，但這是不可靠的，反而因此會受到更多的傷害，感受更多的痛苦。心靈環保不但可使自己快樂，也會令他人快樂；使自己健康，也會使他人健康；使自己平安，也會使他人平安。

面對臺灣的未來，我們不必太悲觀，因為事在人為。「心靈環保」的觀念提倡以來已有十多年，至今已廣受肯定，受用的人很多，許多人也在接觸後，改變了人生觀，獲得勇氣面對現實，人與人之間的相處、互動，也不再只有無奈、失望、失落、沒有安全感等，而是和諧、溫馨、寬容、體諒。這些事實證明了，我們的社會仍有向上提昇的力量。

要化混亂為祥和，應先從小團體開始，慢慢擴大到大團體。換言之，從個人、家庭再到社會，個人的心理健康、觀念正確，家庭就能和樂，社會也能平安。

健康的飲食觀

健康的飲食觀因人而異，不能一概而論，因為每個人的體質不同，生活環境不同，飲食習慣也隨之不同。

每個人都必須了解自己的狀況。什麼飲食對自己最健康，應該要弄清楚，而且自己的體重、血糖、血脂肪、腸胃、皮膚的反應等，各種指數所代表的意義，最好都要清楚；以此為根據，知道自己什麼食物可以多吃，什麼食物必須少吃，或是搭配著吃，能自己做自己的營養師最好。當然，這並不是每個人都能輕易做到的，所以應該多吸收相關知識，或向專家請教。

現代人若能素食是最好的，原則上，素菜比葷菜健康。再新鮮的肉類食物，都是動物的遺體，再新鮮的遺體，怎麼吃都不衛生，因為動物體內各有致病的毒素。這不是說吃素就完全不會生病，但吃素能降低某些疾病的發生，譬如膽固醇過高、血管硬化而導致中風等。

有一本美國人寫的《新世紀飲食》（*Diet for A New America*）一書，書中指出肉食沒有素食好。原因是，當動物死亡的時候會因恐懼而分泌毒素，這些毒素雖然無法化驗，卻會殘留在動物的屠體內，因此吃肉的時候，便會吃進這些毒素。當然，吃素也有吃素的問題，所以需要有吃素的常識，尤其必須注意營養的攝取；素食者若能善用營養食譜，配合自己的身體狀況來調理，就不會有營養不良、體力不佳的狀況發生。

現代社會流行所謂的健康飲食，有人將純粹沒有魚肉的素食納為健康飲食，但素食店的食品，並不就等於健康飲食，因為部分素食的製成品中，還加添了防腐劑、調味料、香料、香精、色素等，容易造成人體的負擔。

還有，吃飯的態度也很重要。飲食的時候，要以歡喜心來吃，用欣賞的心吃，不要以貪婪的心吃；吃的時候也不可以囫圇吞棗，要細嚼慢嚥才能幫助消化，最好能慢慢體驗飲食的滋味。此外，暴飲暴食很不健康，最好每餐吃八分飽，不要過量。

現代流行的一邊吃飯一邊開會的餐會，其實並不健康，若一定要舉辦餐會，可以先吃，告一段落後再討論，討論到覺得餓的時候，再繼續吃；邊吃飯邊說話，是會妨礙腸胃消化功能的。

彩券賭博的省思

最近，樂透彩券在臺灣造成風潮，從民間的立場來看彩券有三種功能：

第一種功能是娛樂。好比過年過節，大家拿一點小錢出來買幾張彩券玩玩，碰碰運氣。

第二種功能是公益。買張彩券幫助弱勢族群或社會福利，自己則無傷大雅。

第三種功能是賭博。容易使人沉迷，這就相當不健康了，為了貪圖一夜致富的暴利，可能會讓一個人傾家蕩產。一旦沉迷到不願從事生產工作，只想求明牌，中大獎，變成賭徒心態；嚴重的話會影響善良的民風，對社會造成巨大的傷害。

我們不要漠視類似的賭博風氣，從過去風行的大家樂、六合彩等的經驗來看，許多人在開獎前一日就放下手邊工作；這些人雖然不見得有宗教信仰，卻四處求神祈禱；若是求得了明牌，僅以簡單的方式答謝，若是「損龜」賭輸，就氣憤地拿神像出氣，以暴力搗毀神像。

再從政府的立場來看，政府不該鼓勵賭博，不斷地有立法委員建議在離島設置賭場。這些人表示，就算政府禁止，民間還是有人會偷偷摸摸地賭，不如統籌由政府管理，也好增加稅收。但這是缺乏深思遠見的說法，民間偷偷摸摸地做，受害者少；光明正大由政府鼓勵，受害者就多了。就好比有人建議開放吸毒，雖也可以收稅，但卻會亡國滅種。

由於許多人多少帶有賭徒性格，一旦公開設置賭場後，許多原本不是賭徒的人，最後也有可能成為賭徒了。社會生產力將因此降低，治安狀況也會變差，犯罪的案件相對增加。因此，不論就社會立場或宗教的立場來說，都不宜贊成提倡賭博的行為。因為，促進社會的繁榮，應該鼓勵生產經營，而不是鼓勵賭博。

彩券亦是如此，如果政府鼓勵民眾大量購買彩券，目的是希望得到稅收，這便值得省思，因為鼓勵民眾將大量資產投入彩券購買，便等於變相鼓勵民眾賭博。增加稅收與社會成本之間，其實等於是挖肉補瘡。

此外，企圖以彩券中獎致富的人士，也不妨推想一下，雖然每期頭獎的金額可觀，中獎的機會則相當渺茫，有的人花了幾十萬元購買彩券，很可能只換來幾千塊錢的獎金，這划算嗎？特別是迷信明牌，迷信哪個投注站買的彩券中獎機率高，這是相當不理智的。因此不論是政府也好、民間也好，對於沉迷彩券的風氣，應持冷靜的態度。

好運大家轉

不論是哪個國家、哪個民族，當人們遇到失敗而不知何去何從之時，便會想到以求神問卜來指點迷津。西方人會去找吉普賽人看水晶球；中國人則會去找算命仙、去神前求靈籤，如果算出的結果不好，就請人做法術、誦經、持咒、畫符、卜八卦等。術士們會向你索取一筆錢，結果你的運可能尚未好轉，倒是你幫術士開了運，讓他賺了一筆錢。

或許這些行為在心理上是一種慰藉，但是當人在走投無路時，還是要以自己的力量開出一條道路來。站在宗教師的立場，我不否定鬼神及命理的存在，他們確實能知道我們一小部分的過去與未來，但他們沒有能力扭轉我們未來的命運。所謂「窮算命，富燒香」，窮人算命並不會愈算愈富，如果真要開運，先要了解因果的道理。

所謂因果的道理，就是「自作自受」。由於這輩子的時間太過短促，無法確切見證每一件事物從因到果的關係，很少人知道一生的命運是怎麼形成的。從因果的觀念來講，現在的命運都是過去所造，未來的命運則是現在所做。現在的命運已成事實，無法轉變，但可以透過智慧的判斷和努力而改善，未來的命運便可以轉變。

有人向我抱怨老天不公平，不論怎麼努力仍然是希望落空，我總是告訴他們，首先要知道自己的能力、財力、社會關係、性格、興趣。如果不了解自我的優點和缺點，只是盲從地跟隨風潮，是不會有好處的，因為你和他人的條件不同，因緣際會也就不同，盲目地依樣學樣，那就是自討苦吃。所以命運是由自己擁有的各項條件所組成的，條件不具足，努力不正確，就很難成功。

因此，想要轉好運，最好的辦法不是求神問卜，而是體會生活的意義及生命的價值；簡單地說，便是多存好心、多說好話、多做好事、多結他人的善緣，自然能處處遇貴人，處處交好運了。

心靈環保

人的心境，往往會因為受到環境的誘惑、刺激而產生情緒的波動，輕者覺得困擾，重者喪失自主的能力。如果有了心靈環保的措施，遇到狀況發生時，便可淺則保持平靜、穩定，深則自主、自在。

依據心靈環保的原則，每一個人都應該具備三個層面的修養，那就是保持身體、心理、精神的平衡與平常，通稱為身、心、靈的健康。然而一般人僅在意自己的身體是否健康，卻忽略了心理是否健康，尤其會疏忽了保持平常心的精神修養。因此，在順境中尚能揮灑自如，似乎沒有不能克服的難題，一旦遇到逆境當前，便哀聲嘆氣，不知如何自處了。這必須透過「心靈環保」的修為，才能做到「以平常心」來看待一切順境及逆境。

佛家強調因果觀念，所謂「種瓜得瓜、種豆得豆」；但是如果種瓜、種豆，不得其土，不順其時，不如其法，那麼種瓜未必能得瓜，種豆也未必能得豆。因為，從「因」至「果」的過程中，尚須有其他條件配合，稱之為「緣」。所以，事物的成敗，都必須「因、緣、果」三者具足。

「因果觀」必須配合「因緣論」，才是正確的現象論。從因到果，並沒有一定的必然性，個人主觀的因素固然重要，外在客觀的因緣能否如我們所希望的，也極為重要，不論是自己的因素或外在的因素，都充滿了不確定性，因此，我們只能做最好的努力，也要做最壞的打算。否則，過分樂觀或過分悲觀，都不是成熟健康的心態。

如何培養這種成熟健康的心境呢？有四個步驟：

一、遇事要做正面的評估，避免做負面的預測。人生的旅途總是起起落落，「起」是前進的過程，即使是「落」，那也是人生另一種前進的過程。

二、要能逆向思考，如此才能勝而不驕，敗而不餒。當在成功的巔峰之際，便要有走向下坡的準備；當因為失敗而跌落至谷底時，也要有攀登下個巔峰的願景。

三、凡事應當進退有度、收放自如。古人說：「達則兼善天下，窮則獨善其身。」也就是說如果一展抱負的機會來了，應該當仁不讓；萬一時運不濟，此路不通，就要養精蓄銳、候機待發。

四、不論成敗，都要抽離自我的私利與私欲，都要肩負起奉獻自我、利益眾生的責任。這便是一個有智慧、有慈悲的人了。

然而，如果你只在字面上理解，只知在道理上認同，心靈環保的力量不容易產生，必須輔以方法的練習，才能奏效；禪修就是相當有效的方法之一。剛開始時，可先練習放鬆身心，等到不再心猿意馬時，就可練習體驗身心的覺受；觀照自己呼吸的大小、長短、深淺、涼暖等感覺，這能讓內心平靜、安定、清明，若於此時忘卻身心的負擔，就能夠進入身心統一乃至身心與環境統一的境界了。禪修的最高境界，是超越對立及統一，那便是無我無相而又不離諸相的境界。

在這個境界中，你除了能夠掌控自己的身心，更能包容他人的缺點，尊重他人的優點，同時能夠感受到個人的小我，是不能脫離大環境而獨立存在的，個人是有限的，大環境是無限的。如果能再進一步放下身心，不執著環境，就能達到《金剛經》所說「無相」的境界，如此不但能適應各種狀況，而且只要是對眾生有利益的事，都能盡自己的力量去做，那就是《金剛經》所說的「應無所住而生其心」，也就是心靈環保的最高境界了。

將心靈環保推向世界

我曾經參加二〇〇二年在泰國曼谷召開的第一屆「世界宗教暨精神領袖理事會」（World Council of Religious Leaders），主要是為了討論如何解決宗教衝突的問題。開幕典禮吸引了四千多人參與，世界各宗教領袖代表總共有七十多人與會，大家共同為世界和平而祈禱。泰國王儲也於大會開幕典禮中致詞，肯定大會宗旨。

理事會召開後，所獲得最具體的結果就是，將這個原本不定期的會議組織，確立為常設機構，總部分設在紐約及曼谷，每年召開一次年會，並確立未來執行的方向與目標，負責協助聯合國致力於宗教相關的議題。

在六月十二日至十四日三天會議期間，分組討論了四個主題：防止及緩和種族衝突、恐怖主義、貧窮與發展，以及環保與倫理問題。我參與了環保小組的討論，擔任共同主席；此外，我也參加了貧窮與發展小組，並於會中發言。

環保是備受全球關心的議題，然而，許多人在談論環保時，只強調不要浪費自然資源、要重複使用自然資源，永保青山綠水的自然生態；可是如果人的價值觀沒有改變，人與宇宙的一體觀不能建立，永遠都只能頭痛醫頭、腳痛醫腳，不會完成環保的終極任務。

我們生存的地球環境，因為人類的過度開發與浪費，已造成自然資源的急速損耗，與生活環境的全面破壞。為了徹底、有效解決問題，環保工作應該先從內心做起，也就是倡導我所主張的「心靈環保」；否則雖然解決了某一些問題，卻又會製造另外更多的問題。人的價值觀如果不能從個人的擴大為全體的，從眼前的延展到永遠的，環保是無法真正做好的。

人類總是自私的，都希望自己能夠得到的多、享受的好，貪圖眼前的利益。其實，除了自己之外，應該想想地球上的其他眾生也有求生存的權利，包括全人類，以及一切動、植物生存的權利，也應該多留一些自然資源給我們的後代子孫。我們應該透過廣大久遠的時空，來謀求利益的著眼點，應該和一切眾生共同並且持久地享受地球上的資源。有一位印第安人西雅圖酋長（Chief Seattle）比喻，大地是人類共同的母親，所以我們在吸吮母乳之時，必須保護母體的健康。

如果我們經常有布施心、有照顧環境健康的心，以彼此奉獻取代相互掠奪，以保護換取報酬，讓當代全人類以及後代子孫、一切眾生，都能過得平安快樂一點，我們自己的健康、平安、快樂才有保障，這就是心靈環保。唯有這樣，才能真正落實環保工作。

更進一步說，如何落實心靈環保？可以用「慈悲沒有敵人，智慧不起煩惱」兩句話做為準則。也就是說，存慈悲心便不會製造敵人，如果能夠把天下蒼生都看成自己的親友，就能夠保護自己，也能夠保護環境了，大家都能自保保人，大家都能少煩少惱，這便是落實心靈環保的境界了。

我在那一次的世界宗教暨精神領袖理事會議中，也提出了「心靈環保」的觀念；隨後，和我共同主持「環保小組」的另一位主席Rabbi Israel Meir Lau，是國際「地球憲章」（Earth Charter）的一位理事，他即表示，他會在二〇〇二年十月份於約翰尼斯堡召開的該會會員大會中，建議把心靈環保列入《地球憲章》。這項回應，等於將法鼓山宣揚的心靈環保，推廣到世界性的環保組織中。

在那次曼谷會議之中，我也在另一個探討貧窮問題的會議上發言指出，現代人心靈貧窮所衍生的問題，比物質貧窮的問題更嚴重。物質貧窮雖然在生活上會有飢餓、疾病等苦難，心靈貧窮卻容易讓人們對自然環境與社會環境造成毀滅性的破壞。解決物質貧窮的方法是鼓勵布施，加強教育、生產；解決心靈貧窮，則必須提倡心靈環保。

當然，這次會議召開的最重要目的，還是在於討論如何化解世界上宗教衝突的問題。我個人認為，不要在乎自己與他人宗教信仰的差異，也就是求其同而存其異，不要爭論誰的宗教信仰最真最好，凡是能夠認同共同的利益，解決共同面臨的問題，才是最重要的。而且也不要只思考個人的問題，應該從人類的共同利益做考慮，尋求互助合作的方式，便能使大家都過得健康、平安、快樂。

有條件的虛榮心

虛榮心的泛濫，在現代社會中可說是愈來愈明顯了。原因無他，人的欲望無止境，同儕間會互相比較，看到人家要，我也想要；看到別人有，我也想擁有。所以，物質生活好的時代，人們的虛榮心不減反增。如果虛榮心不斷滋長，將使社會紊亂，人品下降。

但是，如果是有條件的虛榮心，則也未必不好，例如追求成功，也可說是虛榮心。基本上，想要成功是「能力」與「際遇」的問題。一個人在成長過程中，「體能」、「智能」會慢慢成熟，同時也應當好好努力培養謀生的「技能」。如果這三種能力不夠，多半不會有好的際遇，一旦機會在你面前出現，你也無能為力。相反地，即使具備了這三種好條件，幸運之神也未必會眷顧你。例如由於「僧多粥少」，如果同性質的人才太多，際遇與機會就不會那麼多了。如果不能明瞭這一點，就會「人比人氣死人」了。

然而，追求物質享受的虛榮心未必都是那麼壞的事，只要不是去偷、去搶，只要不是以破壞環境、損耗資源來滿足私欲。有時候，善用外在的物質條件，從事發明、生產、推銷，也會促進社會環境的改善，豐衣足食、富而好施的社會，當然很好。關鍵在於，你的能力與所具備的資源，是否足夠讓你去追求這一切？

我在服兵役的時候，曾聽過一個小故事。有一位排長很快就晉陞為連長，連上的副連長卻仍然留在原職位，沒有變動。這位副連長很生氣，抱怨著對人說：「怎麼陞官的是他卻不是我呢？」後來，那位排長自己去跟副連長說：「副連長，我相信我的能力、智慧都不如你，但只有一點勝過你，就是我的運氣比你好，讓我的表現有機會被上級注意到。」

至於我個人，我自覺不是很有才能，也沒有什麼了不起的智慧，更談不上有什麼專長、本領；但在做事時我絕對是全心地學習，全神地投入，而且會主動關心周遭相關的人，所以我到任何地方，大家都會喜歡我。而且由於多支援他人，就會多得到一些資源，就有好一點的際遇；雖然在我一生之中，交好運的機會實在不多，如果不是如此，可能就更沒有機會了。

我們無法掌握運氣，但可以創造際遇。如果在工作崗位上，將自己分內的工作盡心盡力做好，又以額外的時間去協助需要支援的人、幫助需要幫助的人，如此一來，擁有好際遇的機會就會多一些。如果你平日樂意配合，又有為團體奉獻的精神，一旦別人有好的機會，就會想到找你合作，際遇自然是歸於你的。

但是要謹記在訓練能力、創造機緣的同時，絕對不要傷害他人。即使追求物質生活，也要時時刻刻考慮到別人的權益，這種追尋才具有建設性，才是健康的。因此，如何把握際遇，在獲得物質的同時也為社會創造利益，便是現代社會任何人都應思索的課題。

呼籲偶像藝人應以身作則

近來，青少年們群聚在搖頭店裡，服用搖頭丸、吸食大麻及海洛因的違法事件層出不窮；日前更傳出某知名藝人服用搖頭丸，當場被警察抓到的新聞，令人感到相當惋惜！

首先，站在同情的立場，我們要了解，雖然偶像藝人們外表看來光鮮亮麗，帶給人們歡樂；實際上，他們的內心可能非常空虛。他們忙著工作，急著趕場，灌唱片、錄廣告、拍戲，經常都在趕通告、做節目之中，總是馬不停蹄，忙到晨昏顛倒不分晝夜；除了名利，不知生命的目的為何，不知健康的快樂是何物。縱然擁有許多崇拜者，但空虛的內心，還是希望藉由刺激來宣洩緊張的壓力、紓解苦悶的情緒。在這樣的狀況下，不能自我約束的人，便會被毒品陷害了。

站在社會成本的角度來看，偶像藝人要懂得潔身自愛，因為他們對青少年的影響很大，應該對青少年的崇拜者有更多的責任。因為年輕的追星族很容易有樣學樣，所以他們必須要像學了佛的張學友、張國立、李連杰等那樣，以身作則，當好的榜樣。另一方面，偶像藝人除了對青少年有責任之外，對自己也是有責任的。行為失檢，小則引起負面的風評，尤其，經過媒體大幅披露報導之後，對其聲譽及身價將有決定性的損傷，勢必影響到自己的事業前途；大則觸犯法律，招惹牢獄之災。

針對此一事件，我想藉此提醒大家一句我常說的話：「工作要趕不要急、心情要鬆不要緊。」工作要趕才會做得多，心情要鬆，才能把工作做得好。如果工作的態度太急，就容易出狀況；如果工作的心情太緊，就不能保證工作的品質。

同時，我也要勸勉年輕人，學習著隨時隨地放鬆自己的心情，不要把工作當作成就的全部，才能真正紓解身心的壓力。很多人在名利雙收的時候，就開始迷失自己，反而讓自己深陷在工作的壓力之中。如何紓解工作壓力?方法很多，但千萬不要酗酒，千萬不要用毒品。因此，我要呼籲，偶像藝人不但自己絕對不要接觸毒品，也要勉勵每一位青少年朋友，拒絕使用任何毒品。除了毒品，凡是對身心健康有害的習慣，凡是無益於社會風氣的行為，都應以身作則，碰也不要去碰。

世界末日何時降臨

佛說世事無常，無常就是變化。世間事物，無不是在不斷地生起、改變、消失的自然律中進行，不論何種事物聚會一處，都只是暫時的假象。擴大到整個宇宙，我們的世界是在不斷地成、住、壞、空的過程中循環不已；根據佛經的推論，我們現在的地球，是在「住」的階段。基督徒口中宣說的世界末日，是指上帝降臨的時候，人們會接受上帝的審判。信仰主的人，會被接引至天國獲得永生；未信主的人則全數淪入煉獄，永遠受火焚燒。這是基督徒們的世界末日觀。

再從科學的觀點來看，太空物理學家認為，現在的地球還很年輕，所以人們不必對世界末日的來臨杞人憂天。雖然地球何時會壽終正寢，我們還不用擔心，但以人類目前的能力，要毀滅地球是很有可能的。愈來愈多國家擁有核子武器，如果一旦爆發全球性的核子戰爭，勢必為地球帶來無法彌補的巨大損傷。

另外，人類專注於經濟發展而忽略環境保育，如果再不努力維持自然生態的平衡，物種資源、森林資源、水資源、土壤資源等都會受到嚴重破壞，氣候也將出現異常的變化。例如，二〇〇二年時，歐洲就遭逢五百年來最嚴重的水患，而臺灣也出現了五十年來的最高溫；二〇〇三年八月法國熱死了一萬多人，荷蘭熱死了一千三百多人。異常天災與人為破壞息息相關，需要人類用心尋找解決之道，否則只會讓我們的居住環境提早毀滅。

世界人口不斷地膨脹，野地的開發往往無可避免，如何能夠在開發的同時，也兼顧大自然的生態維護，便是考驗人類的智慧了。舉例來說，如果為了商業利益，就濫墾濫伐原始森林及高山的珍貴林木，無視於保存自然生態環境的重要，就等於招致世界末日提早到來的催命符咒。人們除了要求自身的生存外，也必須保護自然資源的再生，以及自然生態的永續。就佛教徒的立場來說，如果希望地球能夠長壽，便要對我們居住的環境有慈悲心；除了對人類有慈悲心之外，也要盡可能讓其他一切物種都有生存下去的空間。

在享受物質文明的同時，也要留心自然的保護，否則世界末日真的會提早來臨。為了兼顧經濟發展，我們必須找出方法來，既能發展生產事業，又能保育自然資源。以能源議題來說，石油用盡就難以再生，而用風力、水力、太陽能發電，卻是取之不盡用之不竭的。類似的問題，只要肯用心，便可以找到替代方案。

人與生存的環境對話

在邁入二十一世紀的今天，不論已開發或開發中國家，都已日漸了解環保工作的重要性，也或多或少已投入了環保工作的行列。不過，仍有兩個觀念，尚待加強落實。

首先，就珍惜資源來說，多數國家都知道保護境內資源的可貴，卻無視於其他國家的自然資源也應當受到保護。地球資源是全體生命所共有的，不可能因為個人掃好自家門前雪，就算是做好了環保工作。因為海洋資源、大氣資源及地底資源，雖有每個國家的領海、領空、領土區分，然而資源卻都是同屬於地球全體而不可分割的。如果保護自己國家的資源，而希望大舉開發破壞其他國家的自然資源，這還是加速破壞了地球環境的安全。

在我們減少破壞環境資源的同時，也應思考地球永續發展的課題。農業時代，人們的需求少，需求與供給之間尚能保持平衡，人類從農作物獲取養分，然後又將廚餘物的堆肥，回饋給農作物，大自然因此能夠生生不息。

此外，就環保的意涵來說，除了大自然需要保護之外，也應該重視社會環境的保護。所謂社會環境，就是人與人之間的互動關係。而社會環境破壞的原因，就在於人我之間的矛盾與衝突，包括個人與個人之間、團體與團體之間、政黨與政黨之間、國家與國家之間、宗教與宗教之間；甚至在同一個團體內也會因為理念不同，運作不一，形成對立的摩擦。

如何加強落實對於自然環境及社會環境的保護？只有從減少人類的貪

欲著手。對於物質的欲望，多數人總是不能滿足的，哪怕早就超越了實際的需要，依舊貪得無厭。於是，社會環境和自然資源就難免要受害遭殃了。當人們用心於你爭我奪、爾虞我詐的伎倆時，其實就是對社會環境的摧殘。而明知自然資源有限，人類卻不以智慧來保育、維護、生產，反以權謀、暴力、殺雞取卵的方式加以鯨吞和蠶食，必然會對我們居住的環境造成無法補救的損害。

但從各方面來看，如今的環境生態已不復以往，要想保護自然與社會環境，必須要更進一步改變行為與觀念，其中最重要的是要回歸根本，從環保觀念的改善著手，這也就是法鼓山要提倡「心靈環保」運動的原因了。

心靈環保是全球性的運動

多年來，法鼓山一直在推動心靈環保，除了在國內提倡之外，我也在關係著整體人類未來的全球性會議，包括「千禧年世界宗教暨精神領袖和平高峰會」（The Millennium World Peace Summit of Religious and Spiritual Leaders）、「世界經濟論壇」（World Economic Forum），以及二〇〇二年在曼谷召開的「世界宗教暨精神領袖理事會」（World Council of Religious Leaders）中，提出心靈環保的理念。心靈環保的內容指出了什麼是人的正確價值觀念，也就是人生的責任是盡責盡分，人的功能是從奉獻中成長，人的意義是隨時消融自我而經常喜悅自在，人的生命是融入於無限的時空而又超越於無限的時空。如果我們能夠清楚了解這些，就不會茫然無序，就不會空虛無聊。

從生命的存在來看，每一個生命都具有「將來性」，雖然這個將來性的發展因人而異，但一定有其價值。凡是有宗教信仰的人，都相信生命有永恆的未來，稱為終極的關懷。即使沒有宗教信仰的人，也應該體認每一個人的存在，是與國家、民族、整體人類，甚至與全宇宙的存在，密切相關。

我們的肉身雖然只有短短幾十年的壽命，卻與歷史的生命和社會的生命結合在一起，永遠不會、也不可能脫離宇宙時空的整體生命。因此，每一個生命都是非常偉大的。

不管有沒有宗教信仰，如果具備這樣的想法，就不會有生存的恐懼感；人與人之間的相處，也不會有疏離感，當然也不會有這麼多的衝突、對立。我們只要心胸開闊，隨時隨地就會有一種平安的感覺，對於人格的穩定及成長，也會有所幫助。

不過，如此偉大的生命是一般人難以體會的，那需要先從觀念的建立、方法的練習，漸漸地才能有所體驗。因此，我一向提倡在生活中，盡量練習運用禪修的觀念及禪修的方法，使我們的心念，盡可能不受外在環境的影響、誘惑、刺激而產生困擾。

基礎的禪修觀念是讓我們知道，人人都有機會開悟成佛，只要消融了自我中心的執著，立即就是禪悅和法喜。入門的禪修方法就是體驗呼吸，把全部的注意力放在呼吸的體驗上，頭腦裡就不會有複雜的情緒；或者情緒依然複雜，但經由體驗呼吸，可以讓情緒漸漸穩定下來，這是可以隨時隨地練習的一種方法。此外，具有宗教信仰的人，不管是道教、基督教、天主教、伊斯蘭教或其他宗教，透過冥想、持誦、禮拜、祈禱，一樣也可以達到內心的安穩與平靜。

在二〇〇二年九月二十一、二十二日法鼓山舉辦的「心靈環保全民博覽會」中，天主教的單國璽樞機主教也應邀出席，與我們共同推動心靈環保。從立意與方向來說，心靈環保與天主教推動的心靈改革，是彼此相呼應的；而從心理學來看，心靈環保與情緒管理及心理分析，也有異曲同工之妙。心靈環保不僅超越人我對立的自我，也超越全體統一的自我，不論是什麼領域的人士，希望超越人與人、人與環境對立的想法，都是一致的。因此，我們提倡的心靈環保，是在推動一個超越宗教、超越民族、超越國界的大運動，它是屬於全人類的心靈提昇運動，乃至於不論有沒有宗教信仰的人，都可以一同分享。

珍惜生命照顧自己

二〇〇一年九月份，法鼓山舉辦了一項宣導「大好月」的運動，邀集了臺灣十大電視公司及各大平面媒體，在每天主要的新聞節目時段，報導一則好人做好事的新聞，由主播帶動說好話，並且持續播出一個月名為「大好月」的一支公益廣告。這些作法不僅在臺灣傳播且得到肯定，在海外，包括美國、加拿大、東南亞等地區，也都獲得很大的回響。

「大好月」運動的核心就是心靈環保，內容是鍊好心、做好事、說好話、轉好運。二〇〇二年九月，我們繼續推出這項運動，邀請資深廣告人王念慈小姐製作一支三十秒的公益短片，內容主要是我的勉勵話，希望以佛法觀念做為引導，讓大家在遇到挫折與困難時，能夠勇敢地面對，安然度過困境。

例如，我曾經提出一個「四它」的觀念，就是在遇到任何狀況時，要「面對它、接受它、處理它、放下它」。這個觀念對很多人都很受用，並不一定局限於有宗教信仰的人士才能夠接受。

另外，我也提出，當遭受重大災難或困境危機的衝擊時，只要體會到還有一口氣在，就表示仍有無限的希望。生命是無價的，每一個人的生命都需要被尊重，不僅珍惜自己的生命，也要尊重他人的生命。如果尊重生命，就會捨不得自殺，也不忍心傷害他人；如果知道生命是非常珍貴的，就不會傷害別人，也不會懲罰自己和傷害自己了。

懲罰自己的行為有很多種，有些人雖然沒有自殺，但卻折磨自己，使自己失去健康，影響親友家人的生活，也使社會失去一個健康的人，而增加家庭與社會的負擔。表面上看來，折磨自己好像是個人對待自己生命的權利，但實際上既是自害也是害人，是增加自己的惡業，也增加身邊人的負荷。若能思考到這一層，就知道我們是沒有權利糟蹋自己的身心，應該好好珍惜自己的生命，好好照顧自己的健康平安。

「大好月」活動推行以來，獲得社會大眾普遍的回響。有些人在非常痛苦的時候，因為聽到我們的勉勵，觀念因此改變，而有了繼續活下去的動力。例如，就有人原本非常痛苦，想要自殺，但是在聽到這些觀念之後，就打消了自殺的念頭。

在二〇〇二年九月二十一、二十二日法鼓山所舉行的「心靈環保全民博覽會」中，我也與天主教的單國璽樞機主教、歌手陶喆及作家吳若權舉行了一場大型座談會，主題就是尊重生命；會中討論到自殺、殺人、墮胎等問題，與會者共同呼籲社會上的每一位成員，都要珍惜生命，尊重生命。

「大好月」活動雖然已經過了，但還是希望大家延續這股精神，時時存好心、說好話、做好事。我們推動以說好話取代惡語，但這不是拍馬屁，也不是歌功頌德，而是隨時給人勉勵、慰問，使得每個人都能尊重生命，照顧好自己。因此，說好話、做好事應該不受時空限制，而是不論何時何地，都應該身體力行的。

孝道倫理與新道德律

孝道思想不一定是中華文化中所獨有，例如佛經中就有一部《父母恩重難報經》，但是中國的儒家思想確實對倫理孝道特別重視；漢時曾有以孝立國之說，也有「求忠臣必于孝子之門」的風氣，以及舉孝廉的制度。在西方文化中，孝道觀念則是很淡的。

我們可以用一個小故事，來了解東、西方倫理觀的差異。假設有一對夫婦帶著年邁的父母及年幼的子女同船出遊，不料途中發生意外，轉眼間船就要沉了，年輕的夫婦自己可以逃生，而且還能救兩個人走，這時候究竟是救小孩，還是救父母呢？

我曾以這個問題問西方人，所獲得的答案多半是選擇搶救小孩。因為在他們的觀念中，老人已經老了，小孩則有無限前途。但在問到東方人時，特別是中國人的時候，答案一定是先救父母，因為兒女死了可以再生，但是父母去世後卻是任何人無法取代的。這就是孝道精神。

從前在中國人的族群中，孝的觀念是從小由父母與社會共同培養建立的，所以大家知道要孝順父母，孝道很重要。但在現代社會，家族倫理已被功利思想所取代，如果有人一談到孝道，就好像在嚇唬年輕人、壓迫年輕人，甚至被年輕人視為一種挑戰。

造成這種倫理觀念的消長，是因為在一個新的時代之中，新的家族倫理價值觀還沒有完全建立起來，而傳統的倫理價值觀則在逐漸消失中，我們的社會便是處於這種青黃不接的混亂期。

我們的社會很少在「敬老」觀念上用心著力，其實不僅在臺灣，在整個漢民族圈，儒家的文化傳統已在消逝之中，而新的倫理價值觀卻尚未建立。處於這種情境，不要說是年輕人，連中年人、老年人對於「尊長」的想法，也不容易調整過來。雖然有些人口頭上對先進前輩表示尊重，但在心中卻未必真的這麼想。

臺灣就像走在新舊倫理觀的十字路口，新的倫理未見成功，舊的倫理卻又在褪失之中。該何去何從？努力的方向，首先應建立人人能夠接受的新秩序，珍惜每一個人的生命、尊重每一個人的身分、尊敬每一個人的人格，形成一股各守其分、各盡其責、各尊其當所尊的風氣，新世代的道德律自然就產生了。

我們都是相互依存的地球細胞

「地球村」的觀念，大約是在上一世紀末被提出來。那是由於交通工具發達與網路資訊便捷，使得空間感縮小了、時間感縮短了，處身千萬里外，也能隨時互相交談。人們可以在極短時間內，知道世界各地剛才發生的事，感覺上不論居住在地球的哪一個地方，就好像是住在同一個村莊的隔壁鄰居。

過去人類的生活範圍，局限在家族鄰里之間，能夠雞犬相聞。而現在，我們雖然把世界比喻為一個村落，但在這個「村」裡的六十多億人口，一輩子雞犬不相聞、老死不相往來的人，可說太多太多了。

不僅如此，我們也常看到同一棟大樓的住戶們，有些人或許還會在鄰里集會或電梯裡偶爾碰面，有些人則因為生活作息及職業的不同，加上人口流動率高，根本難得一見。疏離的人們很容易產生封閉自鎖的習慣，形成強烈的自我保護，很少能夠培養起守望相助的感情。

於是，在大樓公寓裡，住戶將樓梯間占為己有，成為舊衣、舊報紙、舊雜誌、鞋櫃，以及各類廢棄物的堆置場，早已不是新鮮事了；為了爭占樓梯間所引起的住戶糾紛，也偶有所聞。我們很難期望每個住戶放棄私人的便利，來為整個社區的公共利益設想；更遑論要求坐落在地球村的世界各國，建立起全球性的共識，放棄領海、領土、領空的設限與優勝劣敗的堅持。所以在國與國之間，由於各種主權的爭執，所導致的對立與衝突，更不知凡幾。

假設住在同一棟大樓的住戶，都無視於公共空間的維護，而成為垃圾堆置場和有害細菌的傳播站，受害的肯定是大樓裡的全體住戶；擴大情況來看，世界上大小國家、不同族群間的互相征伐，其影響的層面，也一定是全球整體的。如果像一座大樓這樣小的環境，我們都無法共同愛護、彼此照顧，又如何能奢望出現一個和樂的地球村呢？

如果我們無法體現地球村的襟懷，那麼，人類的災難恐怕將會愈來愈多。因此，我要呼籲大家，應該尊重各種多元民族的文化差異，為共同的利益互助合作，為他人、他國、他種異文化的立場著想，同時也應該尊重彼此不同的宇宙觀及人生觀，在不妨礙他人利益的原則下，大家是可以自由自在、各是其是的。

我們不妨體驗一下，生存在大地上的每一個眾生，都是生於斯、死於斯，食、衣、住、行無一不是共同仰賴大地的供給，包括每一個眾生身上的每一個細胞，都是地球給我們的。生存在地球上的每一個眾生，不僅都是兄弟姊妹、骨肉同胞，根本就像是血肉相連、聲氣相通的連體嬰。地球不僅是我們地球眾生共同的母體，根本就是每一個眾生自己的身體，住在地球村中的每一個住戶，根本就是地球本身許多相互依存的細胞。我們必須相互包容、相互支援、相互信賴、相互尊重、相互適應、相互忍讓，才能營造一個和樂幸福的人間淨土。

如果依據佛教徒的信仰，盡虛空界，無一微塵不是佛的法身；盡虛空界，無一眾生不是未來的諸佛，我們豈忍相互傷害，彼此糟蹋呢！

3

勇敢面對挫折

聯考的「得」與「失」

很多青少年朋友十分擔心聯考會考不好；雖然我沒有參加過聯考，可是依照我過去參加考試的經驗，考前一定要有準備，但是因為我的程度不好，很多科目根本無從準備起，所以參加考試的時候，往往第一次都考不取，但是我會從中汲取經驗，努力幾次後便會考取了。

除了考前準備外，影響考試結果的因素很多。有一種情況是，自己沒有興趣，不想參加考試；但是由於父母、親友的逼迫，不得不參加。結果考的時候覺得很痛苦，心理有排斥感，這樣當然不容易考取。

另一個因素就是，平常擔心恐慌久了，以致於考試的時候，精神不能集中，看著考題好像懂，又好像不懂。這些人通常考了好幾次，也不容易考取。就像古時候，很多人參加科舉考試，最多只能考上秀才，要再考舉人就考不取了，更不用說考中進士了。

不過這些人也不必失望，因為考試考不好，並不代表書讀得不好；有的人一遇到考試，就有心理障礙，常常只是因為緊張，等到臨場時，就全都忘光了；或是信心不足，心想大概考不取，結果真的沒考上。也有的人是到了考場，頭腦就不靈光，出了考場又很清楚，這就是所謂的考運，考運和過去世的福報有關。但是福報也能夠經由後天培養而累積的，存好心，不要害人，多奉獻，不要斤斤計較，甚至一個笑容、一句好話都是廣結善緣的方式。總之，存好心、做好事、說好話，命運就會轉變。

然而，聯考的目的，就只是為了考上第一志願的好學校嗎？我認識兩個人，他們二十多年前都是某所中學的學生，兩人是好朋友，經常一起到臺北市立圖書館準備課業。後來大學聯考放榜，其中一位順利考取第一志願，另一位考上名氣不高的私立學校。當時這位考取私立學校的同學，自認本身的實力不錯，既然學校沒考好，乾脆不走升大學這條路。

二十年之後，這兩人的交情依舊很好。當年選擇不升學的同學，如今已是一家公司的董事長，而考上第一志願的同學，畢業之後又赴海外深造，最後成為這位董事長的屬下，擔任他公司研發經理一職。

這個真實的故事，十分值得我們省思。聯考的得失並不能決定一個人一生的成就，因為成功的關鍵不在於學位的高低，而在於你能不能放下得失心，把握當下，努力以赴。就像這位董事長，雖然當年沒有選擇升學，但後來憑著自修讀了很多書，英文也說得相當流利，即使沒有文憑，最後也憑實力成為一家公司的董事長。而那位考上好大學的同學，雖然沒有當上董事長，但也發揮了專業研究的長才，將所學貢獻給社會，也是很有意義和價值的。

參加聯考的重點不在於考不考得上，也不在於當不當董事長，而在於你對自己了不了解，有沒有對自己的成長負責，無論在榮辱、毀譽的狀況下，都要用同樣的態度來努力。如果真能這樣，我們的一生一定會非常順利，而不會有太多的煩惱了。

如何走出感情的陰霾

我認識一對戀愛中的情侶，最近分手了，他們交往了三年，兩家的來往也很熱絡，原本看起來不可能分手的，但最近一下子就分道揚鑣了。原來是有一位男性朋友和他們很要好，常常做他們的中間人，在他們吵架時幫忙調解，三人總是同進同出。

相處久了，女孩反而跟這男孩成為一對。因為她和交往三年的男友常常為了小事鬥嘴，女孩總會跟另外一個男孩訴苦，那個男孩就會安慰她、鼓勵她，於是女孩認為這一個男孩比較好，而且兩人從未吵過架。原本那位男朋友分手後心情低落到幾乎要自殺，認為他的朋友很可惡，也後悔自己沒有事前預防。

主動拋棄人的一方，可能發現觀念上和舊情人不夠契合，遇上第三者出現，就覺得第三者比第一者要好，於是喜新厭舊。在他眼中只有新情人的優點，一旦和舊情人吵過幾次架、不順心意之後，就覺得舊情人很可惡，將熱戀時種種的好都拋諸腦後；只記得、甚至誇大可惡的部分，這樣一來兩人是無法有好的結局。移情別戀的人，之後若再遇到同樣的問題，也可能會再一次移情別戀，因為他永遠在期待美好的另一半。

對於男女情感與兩人相處問題，不要太天真。不能只要求對方樣樣配合自己、照顧自己，而是雙方都要配合，相互照顧；不要將對方當成自己的分身，不期望對方百依百順。多一分關懷、愛護與照顧，少一分計較、管教與占有，衝突就會減少，這樣的感情才能持久彌新。

如果分手，剛開始一定是很痛苦的，有的人甚至會想乾脆出家了事，再也不願跳入火坑，其實這樣的情況並不適宜出家。失戀的人應該面對它、接受它、處理它、放下它，尤其一定要放下它，告訴自己這個失敗的經驗是一種成長，未來不要重蹈覆轍。對象還可以再找，沒有也沒關係，但千萬不要因為失戀而失落自己的一生，那就太愚蠢了。

悲智雙運破除煩惱

有一次我去爬山，遇見有人帶著一隻狗，狗看到我這個老和尚，也許是陌生吧，就對著我猛吠，一面虛張聲勢，一面又害怕地往後退，身體不停顫抖，因為牠不曾見過身著僧服的出家人，便起了煩惱。為了安撫這隻狗，我輕聲地對牠念聲阿彌陀佛，並說：「不用怕！不用怕！狗寶寶你乖。」這隻狗就不吠了。

人類有煩惱的時候，往往也和這隻狗相仿。煩惱，來自於自我中心的膨脹和沒有安全感，兩者互為因果。因為覺得遇到了危險，為了加強自己的安全感，所以要虛張聲勢、先發制人，看來是自我膨脹，其實是膽小懦弱，驚恐害怕。

不論是金錢、愛情、事業、地位、名望和觀念，都是形塑自我中心的元素；人類在失去保障時，便會以攻擊的方式來保護自己，在這個過程中，他必須挖空心思和自然戰鬥、和人搏鬥、和周遭一切的情況拚鬥。很多人以為一旦占居高位，就可以安全無虞、高枕無憂，所以拚命往高位爭取。追求社會名位向上攀升的手段，現在人稱為「卡位」；但當你卡到高位時，想要扯你後腿、將你從高位上拉下的人卻又多得數不清，所以一旦登上高位的人，也沒有絕對的安全感。

近來發生全球性的景氣蕭條，人們不論有錢沒錢，都失去了財富的保障，導致人心惶惶。雖然現代化的社會有保險制度，不少人也申辦壽險、產險，但當大災難降臨時，這些保險也無法讓人的生命財產失而復得。投保火險，卻無法保障家園免於大火的肆虐；保了壽險，也必須在你死亡的身後才能使家人受益。保險其實意味著不保險，這是人們沒有安全感的佐證。

事實上從古至今，任何時代都有大災難發生，也不可能沒有意外事件，戰爭、疫疾、天災、人禍更是未曾停歇。人類就是在與大自然的適應及掙扎中代代相傳下來的，所以生命中的自我只是一個過渡的現象，要遠離煩惱，就要認清這項事實。先撇開身外之物不談，人的身體本就是過渡的現象，《心經》上說：「觀自在菩薩，行深般若波羅蜜多時，照見五蘊皆空，度一切苦厄。」

「觀自在菩薩」就是觀世音菩薩，菩薩能以超越的智慧，因應身心問題。凡是不受環境困擾的人，就是觀自在，就能擁有觀世音菩薩的大智慧。以這種智慧，覺照到我們的身心，發現色、受、想、行、識這五蘊都是過渡的現象，不論在物質面或精神面都是空的；換言之，自我中心也是過渡的，也是空的。如果人們能具備這種智慧，洞察這些現象，觀察到身與心的現象都是幻有的，就能從所有的痛苦危難中，獲得煩惱的解脫。

為何一般人體會不到這種空慧？因為人們執著「我」的存在，認為自己的身體很重要，自我所擁有的東西最重要，一旦遇到利害得失的考驗，自我中心便受到困擾。倘使人們能將身體以及所有的財物名位，視為生命過程中的現象，本來沒有，未來也會消失，巧妙地運用這付幻有的身心所構成的自我，以此來修福修慧、自利利人，那就是悲智雙運的菩薩了。

面對問題才能走出憂鬱

常常聽到很多人說壓力太大，不知道如何紓解，而憂鬱症的問題，更是困擾著許許多多的現代人；據說，今日臺灣已有上百萬的憂鬱症病患。憂鬱的產生，有的是求好、求完美，怕失敗、怕做得不好；有的是無法面對未來的「不確定性」，對於天災、人禍、經濟、政局、家庭、工作等種種因素，不清楚將來會如何變化，所以憂慮恐慌。過分的憂慮恐慌就會導致「憂鬱」，因為憂鬱而迷茫，更不知如何去面對排山倒海似的種種狀況。

今日臺灣的人心，由於長期生活在缺乏危機意識的環境之中，一旦出現危急的狀況，就不知如何處理，無形中也成為憂鬱症的誘發因素。因此「居安思危」便顯得格外重要，平日就應該有準備，當險惡的狀況來臨時，才不會慌了手腳，才不會無力面對。

例如，十多年前，我曾經見過一位營建公司的老闆，他因為怕鈔票有很多細菌，所以不敢用手摸鈔票；如果要數錢時，就用夾子一張張數，或請助理來幫忙。這位一直恐懼鈔票有細菌，擔心摸了會中毒的老闆，他最後死去的原因竟然僅是因為一場小病。那是由於他過分恐懼、憂慮，不願碰觸可能有細菌的東西，長期下來，造成他的體內缺乏一般人所應該有的免疫力，使得他的抵抗能力極差，反而更容易受到有毒病菌的感染。

過分的焦慮、憂鬱，而不知如何面對現實的壓力，會使得所面臨的狀況變得更加嚴重複雜。但是，對於還沒有發生的麻煩事，也不要太恐慌，很多人經常莫名其妙地擔憂下一個問題的發生，或是掛心已經發生過的問題，會不會持續再發生。例如大地震之後，就怕不知何時會再來一次，結果這也擔心、那也擔心，讓自己陷入永無止境的憂慮中，這些都是杞人憂天。世間事物，本是無常，本來多變，平時要有應變的準備，臨事只要因應得當，問題便能迎刃而解。

如何避免憂鬱、走出恐慌呢？我提供四句祕訣——「面對它、接受它、處理它、放下它」。也就是說，當問題發生、狀況出現時，不能逃避，不能視而不見，要積極運用我們的資源與智慧來處理。如此，原本遇到不好的狀況，就有可能變好；在盡力處理過後，不論結果如何，都不要老是掛在心上，要能夠放下它，而且凡事盡心盡力就好，不必要求自己完成不可能完成的任務。

壓力其實都是自己給的。過度的擔心及憂慮，均無法改變事實，唯有積極面對問題，運用智慧處理問題，才能克服困難、解除壓力。

如何運用生命的低潮

有很多人因為不知道生活的意義與生命的價值，所以總把人生過程中的高潮與低潮、得意與不得意，當作好壞的標準。得意順利的時候就慶幸自己交好運；不得意不順利的時候，就哀嘆倒楣。如果真的了解人生的意義和價值，就沒有所謂得意與不得意的問題，也不會有所謂低潮和高潮的問題了。逆境當前未必不好，順境當前也未必真好，但看我們如何面對、如何運用而定。

以我個人而言，一生經歷走得比一般人辛苦。小時候，同年齡的孩子們可以上學，我卻沒有這樣的機會，這算是低潮。之後，我就讀佛學院，沒多久爆發國共戰爭，寺院遭受破壞，許多同學還俗去做工，而我為了日後能夠繼續出家，只好選擇暫時離開寺廟去從軍；那段時間，和我同年齡的人在讀高中、大學、研究所，而我必須在軍中當兵，這可說是我人生的另一個低潮。

當我再度出家後，終於有了進修的機會，我到日本留學，留學期間卻沒有經濟支援，日子依舊苦悶。取得學位後我到了美國，時運不濟，我便在美國街頭流浪，這也算是人生過程中的又一個低潮。但是我就在低潮之中，運用那些低潮時期，不斷地學習、大量地閱讀，從見識、學問、心性的成長來充實自己，雖然一無所有，可是並沒有浪費生命。

在我十多歲時，因為環境的關係，而學會運用生命的低潮期來充實自己，從那時起我開始摸索著寫文章投稿，二十多歲時便有作品發表；為了寫作，我必須自修看書，因此雖然際遇顛沛動盪，但我並沒有讓生命留白。即使在軍中，我也把握自我成長的機會，除了完成長官交代的任務，也隨時利用時間看書、寫作、禮佛。當我退役之後再度出家，有機會到山中掩關修行，雖然沒有信眾供養布施，我卻一住就是六年，真是人不堪其憂，而我仍能樂在其中。那段日子，竟是我第一個佛學著述的盛產期。

尤其當我在日本留學的那段日子，雖然沒有人接濟我，卻是我生命中自我成長的黃金歲月。即使在美國街頭流浪，每天仍然忙得不亦樂乎，從不感到徬徨、空虛與無奈。因為我已經習慣了面對逆境，如此一來，縱然有點挫折感，卻不會覺得是倒楣。

對於這些低潮的經驗，我把它視為我生命過程中的必然。我現在也活到晚年了，已有許多的經歷，也成立了一個國際性的團體；從旁人的眼中看來，可以算是我生命中的最高點了，但我還是把它當作只是一個過程，並沒有什麼高點或低點。因為每個人的生命過程總是起起落落，只要自己沒有糟蹋浪費，每一個段落都是有其價值的。如果我們的心情會被起伏的遭遇所左右，將會活得缺乏意義，生命也無價值；如果生命只要高峰而不能善用低潮，人生的可觀處大概就只有一點點了。

人身可貴不得自殺

以佛教的立場來看，殺人的定義，包括殺別人與殺自己。無庸置疑，殺人不是慈悲的行為，佛教也不允許自殺，因為自己也是人；所以殺人犯罪，而自殺既不慈悲也無智慧，也是有罪。

為什麼有些人會選擇以自殺來做為解決問題的途徑呢？因為當一個人在面對極度恐懼、無奈、厭倦之時，會對自己失去信心，對未來充滿不確定，對命運沒有把握，看不到自己的將來；或者已預見未來將有大禍臨頭，覺得既然已無希望，生不如死，便會選擇走上自殺的絕路。看似被迫走上絕路，其實是不願意承擔生命中應盡的責任。

殊不知，即使是一個最卑微的人，他的生命也有崇高的價值與分內的職責。除非意外死亡，或是自然死亡，否則只要活著，就有功能、就有責任。即使是絕症病患的生命，仍舊有其功能和責任，可以有念佛的功能、隨喜讚歎好人好事的功能；也有接受病痛的責任，面對生命這個事實的責任。因此只要有一口氣在，身而為人的功能就存在、身而為人的責任就存在，豈可輕言自殺。

我曾經認識一位重病久臥在床的老太太，她的女兒很孝順，每天都去醫院探望她、陪伴她。經年累月，老太太的病況既沒有惡化，也沒有好轉，對女兒如此辛苦地照料，很過意不去，她覺得自己如此活著，只是增加女兒的負累，不如早早結束生命。有一回我去探望她，告訴她：「念佛的功德可以消除一切障礙，仰仗佛力，惡業亦可以化解，但也不必期望死亡，人只要活著，就有他的功能和價值。」老太太回答我說：「我活在世上，對我女兒來說，只是一塊絆腳石，她每天都來探望我，我已虧欠她太多了，我想早一點死。」女兒在一旁噙著眼淚說：「我只有一個媽媽，妳活著的時候，我還有媽媽，為了我，妳一定要努力活下去。」這時老太太豁然開竅，原來她發現自己活著還是有價值的，之後就聽從我的勸告，開始念佛了。

又有一回，我遇到一位服毒自殺而被救活的先生，自殺的念頭依舊在他腦海裡盤旋。我告訴他：「種什麼因，得什麼果，你選擇以死亡做為生命的終結，這是逃避現實，在未來世，還是必須為此付出代價。即使今生現世，我們也是為了還債而來，逃債的結果仍將被追討，甚至必須付出加倍的利息；但是，我們可以轉變觀念，把還債的態度轉為『還願』。也就是說，吃苦是自己心甘情願的，那麼，既對我們虧欠的人有所交代，也會使自己更有尊嚴，即使必須因此多吃一點苦頭，為了利人又能為自己培福，日子就會好過得多了。」

我又告訴他：「無債一身輕，選擇自殺的人，債尚未還清。因此不可能就此解脫，甚至在死亡之後，自殺當時的情景與苦痛仍會不斷上演，因為在我們的心識裡，問題並未真正解決。即使超度，最好是在活著的時候多修行，自己超度自己，否則自殺死後，盼望親友做功德超度，力量是有限的。」聽完我這一席話之後，他便決定好好活下來了。

倘使大家發現周遭的人有自殺的傾向，就可以用這種觀念來告訴他。只不過多半有自殺念頭的人，旁人不易察覺，因此，最好每個人都能在平時就建立起三世因果的生命觀，珍惜生命，努力發揮自己這一生的價值。佛說人身難得，若不積功累德，一失人身，萬劫不復，豈可輕言自殺！

如何面對意外的生離死別

每當發生天災人禍，造成意外傷亡，當然是令人悲慟的事；但活著的人，除了哭訴及怨天尤人之外，應該還有很多事等著完成。

面對生離死別，人們之所以如此哀傷，主要是不了解人是為何而生的。依佛法的認知，人來到這個世間，有兩個任務：一是還債受報，償還過去多生之中恩怨情仇的債務，接受福報與苦報；二是還願發願，人們在過去無數世中曾經許過的心願，必須逐一完成，在受報還願的同時，也可繼續發願。當在這一生中的債務及願心告一段落時，便算任務結束，就可以安心地離開世間了。

不同的人會在不同的階段完成這一生的任務，有的人年紀輕輕就走了，有的人則到八、九十歲，甚至活到更高壽。最難釋懷的是因意外事故往生者，在外人眼裡看來相當悽慘，在《藥師經》中稱之為九種「橫死」之一，但是對當事者自己來說，或許要比久病死亡者，少受了點病苦的過程，也未嘗不是好事。當然，這些人走得突然，許多事情尚未來得及交代；但縱使留有遺憾，他們在這一生中的任務畢竟已經結束。

曾有些在空難中往生者的家屬表示，亡靈曾託夢給親友，說他們泡在水裡很冷。這種情形是因為亡者過於執著那具遺體，誤以為浸在水裡的遺體還是自己，遺體是冰冷的，便以為自己很冷。其實死亡之後的遺體，已沒有神經的感覺，是不會感到冷熱的。死後仍覺得冰冷的情形，常發生在投水自殺者及空難落海的意外死亡者身上，他們不知道自己已死，又過於執著自己那具浸在水中的遺體。這時家屬必須引導亡者，告訴亡者：既然已經死亡，就不要在乎遺體的冷熱了。

對亡者的親友來說，悲傷固然難免，但更應該做的是幫忙亡者誦經、念佛、做善事，以一聲聲的佛號，祈求、幫助亡者往生佛國，也可以讓家屬的心靈獲得平靜。既然意外已經發生，無法挽回，家屬一定要化悲傷的心情為慈悲的力量，慰問、勉勵這些亡者，幫助他們往生佛國淨土，這樣才是對他們最大的幫助。

平常日子裡，一般人總認為這種不幸的事情，大概不會發生在自己或是親人身上，這種想法並不正確。其實，大家最好在心理上都要做最壞的準備，每次出門之後，能不能平安回家，會不會造成生離死別，都是未知數；每天晚上就寢之後，會不會一睡就不再起身，也沒有絕對的把握。因此，人們最好有宗教信仰，才知道如何隨時做好面對死亡的準備，遇到意外時，才不致太過恐慌而不知所措。當然，生命是相當珍貴的，除了做最壞的準備之外，也要有活過百年的打算，才不至於辜負這一期的生命。

善用失業的空檔

什麼叫作成功？沒有一定的標準，我認為不論是健康、事業、家庭、金錢、專業技術、各種領域的長才及知識等，如果能夠保持在各自所能做到的最佳狀況，都算是成功。但人生的旅程是不斷向前走的，是經常變遷的，有些狀況看似保持不變，其實是在漸變之中，所以任何狀況，都是無法永久保持的。我們可以練習著保持良好的心情、堅持自己的原則，增長自己的人格修養，但對於個人的事業、家境，對於身體的健康，要想一直保持在最佳狀況，不但很不容易，而且根本是不可能的。

佛教常提醒人要觀「世事無常」，因為世間的任何現象，都會起起伏伏。人生如同爬山，一定會有高低起伏。或許在愛情的路上、人際間的關係上，可以一直維繫好狀況，但在人生其他的境遇中，要永遠維持巔峰狀態是不容易的。例如所謂的「富貴不過三代」，歷史上也沒有不會沒落的王朝，因為有起必有落，當登上頂峰之後，走向下坡是必然的事實。不過，當下坡路走到谷底，無路可走之際，只要打起勇氣向前，必又能開創另一個巔峰。這就如同法國大文豪雨果所說：「黑暗來臨的時候，黎明還會遠嗎？」

目前國內外的失業率都很高，很多人處於失業又失意的狀態，看不到未來的遠景。如能換個角度看，這也未嘗不是好事，因為這段人生的空檔，正好給我們重新出發的契機，使我們得以轉換至更好的軌道。雖然失業了，但是任何時候都要給自己一個希望，即使覺得自己處於被環境遺棄的狀態下，也不要向命運妥協。

我的大半生經常是在走下坡路的過程中度過，我也經歷過看不見未來的日子，但是我充滿信心，抱持著人生的大方向，不斷地充實自己，隨時做好奉獻自己、利益他人的準備；即使在挫折中，即使我一無所有，也不會喪失我的大方向。所以建議大家，應把挫折當作歷練，把失業當作重整步調的空間，只要不因失業而失去生活下去的自信心，什麼正當的工作都可以嘗試，例如去做義工，也能有一份成就感的幸福。

停下向來的工作，並不表示失敗，也並不等於賦閒，因為正要人做、沒有人做的事，可謂俯拾即是。即使擁有高官厚爵，也很少能夠永遠享受尊榮富貴，所以能屈能伸是大丈夫。要知道，當一個階段的任務達成後，就要有轉換下一階段跑道的心理準備，如此才能不斷地欣賞到一個接一個的人生好風光。

如何紀念九二一

臺灣處於地震、颱風頻繁的地帶。一般人在災難剛過時，總是會深切檢討，但在過了一段時間之後，就逐漸淡忘了。對於未來還會不會發生類似的情形，則多半採取逃避的心態，不願多想，總是心存僥倖、得過且過。因此當下一次再遭遇災難時，依然要付出慘痛的代價。

一九九九年九二一大地震這個日子，對臺灣民眾有著特殊的意義。不論九二一過去多久了，二十年、三十年、甚至一百年，大家都仍應保持警覺，做好災難可能隨時降臨的心理準備與應變措施。例如，房子不要蓋在斷層帶上，定期檢查舊屋，避免在河道流經處或溪谷出口附近建屋居住，以防範地震或土石流的侵襲等。唯有從慘痛經驗中記取教訓，才能遠離災難。

我認為紀念九二一最好的方法，就是在每年的這一天，家家戶戶都檢查自己所居住的房子，以及居住環境中是否有安全上的顧慮，提醒大家時時刻刻保持危機意識，凡事未雨綢繆。雖然災難無法完全避免，天災尤其無法抗拒，但如果預防工作做得好，安全係數就相對提高，傷亡與財產損失就會減少。所以，紀念九二一，最有意義的方式就是正面思考，積極面對，而不是只辦一些紀念集會，回想事件當年，重複一次傷心難過。

另一方面，九二一大地震發生後，法鼓山立刻投入災後的人心重建工作，在災區成立了安心服務站，希望以「安心」做為起點，進而達成「安身」、「安家」與「安業」的效果，幫助災民早日走出傷痛，重建社會信心與善良秩序。雖然幾年過去了，我們仍然持續在做，沒有間斷。因為國外的研究報告顯示，大地震發生後的五至十年間，地震的後遺症仍然存在。表面上看來，房屋倒了再蓋，校舍已經重建，孩子們也恢復了昔日的笑容，大人也不再那麼愁雲慘霧了。然而地震所留下的看不到的傷痕還是存在，沒有完全撫平。

居住在臺北或是其他地區的民眾，因為距離九二一災難現場較遠，很難體會在災民的心底，仍有難以痊癒的創傷。別以為他們已經度過難關了，法鼓山的安心服務站到現在仍在災區提供關懷，因為我們關心的是災區民眾的心靈重建工程。也希望大家能夠共同來重視，協助他們真正走出大地震造成的陰霾。

失業時怎麼辦

失業在今天，幾乎已是全球性的問題，只是各國失業率的程度有高低不同而已。失業的人通常非常苦悶，因為必須面對兩種損失：一是收入沒有了，只能坐吃山空，不免覺得憂慮；二是心生挫折感，覺得自己很沒有用、很沒有面子，心理上無法平衡。

「學如逆水行舟，不進則退。」其實不僅做學問如此，對於各行各業的工作也是一樣。特別是在今天科技發展快速的社會，工作上必備的技能，如電腦操作及對資訊網路的了解，一旦離開職場一段時間，可能就會生疏，也就更不利於尋找新工作，更容易被時代的大環境淘汰。所以許多人在失業後，由於職位的陞遷中斷，職能的技巧也日漸退步，情緒便陷入憂鬱和無力感中。

人在失業時是痛苦的，失業者應該如何安身立命？我建議可以先休息一段時間，到想去的地方走一走、把想看的書看一看、與想念的朋友見見面，或者把有興趣的計畫，趁這段時間以悠閒的心情，好好完成。我就知道曾經有人，在失業期間到圖書館看書，利用這段難得的閒暇做有系統的閱讀；也有人趁這個工作上的空檔，努力於學佛和禪修，當作精進於精神修養的充電時段。

如果現實生活沒有問題，則不妨把失業當成提早退休，力行最簡樸的生活。在衣、食、住、行方面處處節省，利用空閒的時間，到非營利事業團體做義工。當義工還是會碰到挫折，但會有成長。目前法鼓山為義工安排有專業課程，讓義工在觀念、技術和人際關係處理上都有成長。因此，當義工也可視為失業時身心安頓的方法。雖然未必要失業了才來當義工，我們的許多義工，並不是由於失業，而是為了奉獻。

或者，也可以重回學校學習。不過讀書也要付學費，如果還付得起學費，就去讀讀書吧！多學會一種專業，或者多一個學位，對於再出發找工作，自然會多一些機會。景氣變差以後，職場上更喜歡用雙學位及多學位的人才。

如果失業之後真的沒有錢，那就要考慮過更簡樸、務實的生活了。然而有些人放不下身段，恐怕才是找不到新工作的原因。擁有博士學位、曾是老闆、經理的人，去當小弟或雜工，乃至撿垃圾、做清道夫也沒有什麼丟臉，工作即是工作，只要不偷、不搶、不做壞事，都是好工作。學以致用、適才適任是平常時期的想法；在高失業率的情況下，有什麼工作能做就先做，騎著一匹馬去找千里馬，才是最務實的生活智慧。

就像美國紐約有一對姊妹，她們大學畢業後失業，於是一方面讀研究所，一方面在紐約曼哈頓的富豪家當保母。兩個女孩年紀輕、學歷高，很受雇主歡迎，不但解決失業問題，還把當保母的過程與經驗寫成書，那本書後來還上了暢銷書排行榜。這個故事正好說明了，萬一遇到失業，如果能夠面對事實，善加運用，便是人生旅程中的大好轉捩點；幸與不幸，沒有一定，但看如何因應處理。

當被癌症撞上時怎麼辦

生存在現代社會的人類，罹患癌症的可能性相當高，因此每個人都要有被撞上的心理準備和高度警覺。這不是觸人霉頭，而是先有居安思危的心防，才能臨危不亂。不過，也不必杞人憂天，過多的擔心和焦慮，只會降低身體的免疫力，有礙健康。致癌的原因很多，有些也尚不明確，應該定期做身體健康檢查，以便及早發現，及早治療。平時則應保持飲食正常、作息正常、心情平穩，加上禪修等的精神修養，罹癌的可能性會減少一些。

一旦罹患癌症時，該怎麼辦？只有面對事實，積極治療，試著放鬆自己的身心來面對，並且接受癌症的事實。如果可以做到這一點，病人就會比較輕鬆，也不會讓家人陷於恐慌悲苦的絕境中。我經常勸勉罹患重症的病人：「把病交給醫生，把命交給佛菩薩（或者是自己的宗教信仰），如此一來，自己就是沒有事的健康人。」而且我會鼓勵發現患了癌症的人，想做什麼有意義的事、想學什麼有興趣的東西，就去做、就去學吧，只要不太勉強自己的體力。

曾經有一位篤信佛教的醫師罹患了癌症，他不但沒有因此而消沉，反而把身上的癌細胞稱為「癌菩薩」。意思是說，罹患癌症反而幫助他更積極地修行菩薩道，培養出更深厚的慈悲心與智慧心來。因為他在接受化療的過程中，深刻體會病痛的苦，因而生起慈悲心，治療後當他回到工作崗位上，便以無我的慈悲心看護所有的病患，一改他原本浮躁的脾氣，變得溫柔友善，樂意主動呵護病人。

罹患癌症本不是件好事，若從正向的角度來看待，也可以善用患病的機會來自利利人。為什麼這麼說？因為能夠提前預知死亡，所以可以在有限的生命裡，多做自我淨化的工夫。人的一生之中，說的好話通常不多，做的好事也不多，卻還覺得自己是個好人，但在患病的過程中，病人的人生觀多半會改變，態度會轉化，心靈會變得澄淨——雖然身體患病，但是人的素質卻提昇了。何況罹患癌症，縱然已被醫生告知要準備後事，只要不怕死亡，也不等待死亡，說不定還有奇蹟出現。所以有不少人都說感謝癌菩薩使他們懂得人生，也度他們進了佛門。

但這並不表示我們要樂於罹患癌症，而是勸勉癌症患者及病人的家屬，應當做這樣的正面思考。對家屬來說，既然家中有人生病已是事實，就要坦然地接受它，除了細心照顧，自己不要也跟著急壞了、累壞了。

生、老、病、死是人生的四大苦事，平時卻很少意會得到，如果不得已罹患了癌症，或家裡有人罹患了癌症，雖是大不幸事，但不妨就把它看作是現身說法的菩薩吧！癌是菩薩，患者是菩薩，是在共同宣說「苦聖諦」的無上佛法。要處理、要治療，但不用怨怒憤恨，不必憂悲苦惱。

4

生活的指引

紓解壓力的法寶

我有一位信徒的親人因欠下龐大債務逃往海外，他卻因為資財是和那位親人共有的，債主便將他的積蓄、家當都搜括一空，同時他也被限制出境。由於他的公司關了、房子沒了，他只好幫別人做工，但不論他到哪裡工作，總是被債主發現，並拿他的工資來抵扣債務。後來他來找我訴苦說：「師父，我已經走投無路，那個人太可惡了，我想殺了他，然後自殺。」我勸他說：「你殺掉他就是殺人，如果再自殺，就殺了兩個人。」

他會有這種想法是出於無奈，因為那筆債務可能到死都還不完。還好他有朋友收容，三餐也有著落，於是我告訴他，還有這些就很萬幸了，同時以「面對它、接受它、處理它、放下它」這四它的心來開導。如今他的問題雖然仍未解決，但也已平安生活了好幾年。

通常人在稍微懂事後就有壓力感，有的人抗壓性很強，能把壓力當成鍛鍊，但這種人很少。另一種人懂得化解壓力，讓頭腦沉澱後再出發，或是與有智慧的朋友談談話，彼此激盪出解決的辦法。也有人互相發牢騷，或更等而下之的就是跑去狂歡、喝酒，心理的壓力可能獲得一時的紓解；但這是麻醉，酒醒後壓力又回來了。

最好的辦法，是用正確的觀念疏導，不要抗壓，應該要減壓，將壓力化為無形，就像太極拳的四兩撥千斤，利用輕微的力量，借力使力，讓千斤般的壓力自然消失，「以虛待實、以無待有」，既然自己是虛、是無，對方是實、是有，壓力便自然化解。

實際的作法是什麼呢？就是要面對它、接受它、處理它、放下它。發生任何狀況，必須去面對；遇到任何危機的壓力，不能逃避，不要裝作不知道；然後運用我們的各種資源，包括智慧、經驗、技術、體能、時間、財物及社會關係等，盡力處理；有的人資源豐富，有的人資源有限，有些問題容易解決，有的狀況在處理之後，還是解決不了。就算問題解決不了，至少還留有一條命，所以我們必須學習放下心中的無奈感，不要耿耿於懷，不要為這些事垂頭喪氣、抬不起頭，不要以為因此就做不了人，老是活在悔恨之中。

心煩事雜時容易出錯、容易氣急敗壞，遇到這種狀況時，靜坐是最好的法寶。每天只要靜坐五至十分鐘，頭腦就能沉澱下來；頭腦休息，便可減少心理的壓力，輕鬆面對煩躁的狀況。同時，也要放開心胸，靜觀世間萬象，壓力便找不到自己。

總而言之，遇到壓力大時，千萬不要走上絕路，不要毫無頭緒地想著：「完蛋了！完蛋了！」要告訴自己「天無絕人之路」，縱然天塌下來，總有辦法解決。

如何種植福田

有一回釋迦牟尼佛向一位農夫托鉢，農夫卻對佛陀說：「我耕田種穀，所以有飯吃；你不耕田種穀，何以要飯吃？」

佛陀說：「我也耕田種穀，我是在所有的眾生心中種田，播下善種子，善根會發芽茁壯；而你布施給我，就像是在種福德田，當我度眾生時，你的供養便在其中。」

有些人為求五福臨門而求神拜佛，認為三妻四妾、兒孫滿堂、華廈百間、良田千畝就是福；其實如果有福而不惜福，只是享福揮霍，這是浪費自己的福報，福享盡就沒了。從佛教的觀點，對福報有四種態度：惜福、知福、培福及種福。知足常樂，稱為知福；需要的東西夠用就好，不浪費，這是惜福；福報不足的人繼續培福；沒有福報的人努力種福。

福少的人，雖然自己擁有的資源少，但也能造福。布施一毛錢，隨喜一句美言、一句關愛的話、一個同情的安慰，都是在造福；所以即使在窮途末路的時候，多說感恩、感謝的話，這也是種福田；看到別人做好事心生歡喜，心裡沒有嫉妒，也是種福田。因此，種福田不在於錢多錢少，有錢沒錢，有勢沒勢，力量大力量小，凡是能給人方便、給人無畏、給人安慰，都是在種福田。

一般人認為自己所擁有的，都是憑自己的資本、頭腦、雙手、血緣關係、社會關係，以及身分的人際關係獲得的，所以應該是自己的福報，沒有理由要和別人分享；他們認為所擁有的是憑自己本領賺的，別人沒有本領是活該。會有這樣想法的人，多半不知培福、種福，一旦福報享盡，便是無福的人，所以有「富貴不過三代」之說。有力量的人，應該藉此來照顧他人，照顧一個也好，照顧兩個也好，除了被照顧的人會感謝你，你也會因此得到福報。

從另一個角度來看，從我們出生以後，不論付出的是智慧或勞力，其實都極為有限，所擁有的知能、福報，也不是自己一個人創造的，是屬於同時代中的大家所促成的，所以有福的人，應該分享給大家，而不是自己獨享，這才稱為真有福報。如果能體認到，我們所擁有的東西，其實都是社會大眾所共有的，自己是在為大眾管理財富資源，在管理階段應該要讓大家得到福利，這就是種植福田。

有些企業家被員工罵、被員工鬥，老闆們覺得員工很可惡、忘恩負義，養他們還被欺負，這其實是雙方面的問題。員工可能得寸進尺，不顧老闆的經營成本；老闆也要自我檢討，是不是對員工太過苛刻，給的福利太少。懂得經營的老闆，會厚待員工，體貼老闆的員工，會把工作當作自己的事業。身為老闆的人必須知道，自己是替大家在做管理，要和員工同甘共苦、共患難，有了盈餘則要和員工利益同享；而員工跟經營者之間，也要有生命共同體的觀念，體認唇齒相依、血肉相連的道理。勞資雙方能同甘共苦，為整體社會做出奉獻，這就是合作來種福田的方式。

今天的社會，除了特殊地區的特殊狀況，多半的人都還沒到三餐不繼的地步；所以在知福、惜福的過程中，更要懂得培福及種福。將每月所得做妥善的分配，經營者在不影響營運的範圍內，應該要將一部分財力做為慈善公益之用；一般大眾，在不影響日常生活的原則之下，應該積極投入種福培福的活動，那就是最快樂的事了。

經營婚姻的法寶

根據統計，近幾年臺灣的離婚率節節高升，婚外情的問題更是層出不窮，這讓許多人的婚姻狀況亮起紅燈。因此，夫妻如何維繫、經營婚姻關係，已成為一項非常重要的課題。

現今社會，離婚率上升的主要原因有二：一是社會結構的變遷，另一是家庭價值觀的改變。從農業社會轉型為工商業社會之後，原本的生活結構產生巨大變化，現代社會的夫妻，兩人都在外面工作的比率很高，很容易因忙碌奔波於工作而疏於經營彼此的感情，不僅平日很少交談，有的甚至連假日都沒有相聚的機會。這時候如果在工作環境中有談得來的異性，就容易產生相互的傾慕和誘惑，如此便衝擊到婚姻的基礎。

而且過去的農村社會，對「家庭」十分重視，從中國人講求「落葉歸根」的觀念就可看出。但是現代人對家庭價值的體認正逐漸淡薄中，以前的夫妻即使感情不睦，仍會顧慮到親子等家庭結構而不會輕易離婚，現代人卻可以在親子與夫妻之間，有分別的選擇，也導致婚姻關係愈來愈脆弱。

我曾經遇過一個例子。有一位女士的婚姻亮起紅燈，她說她的先生不體貼、脾氣不好，恰巧這位女士在職場遇到體貼的男同事，就展開了婚外情，因而陷入苦惱，於是來問我該怎麼辦？我告訴她，每個人都有每個人的個性，就好像有人喜歡吃辣，有人喜歡吃甜，妳不能要求對方和自己一模一樣。也就是每個人都有他的優缺點，為了維繫家庭，夫妻之間必須相互尊重、體諒對方，否則任何男女之間的婚姻和感情都難以延續。何況做為一個佛教徒，佛教所說的「不邪淫」是必須遵守的。這位女士後來便回心轉意，和她外遇的對象分手，與先生歸於和好。

站在佛教徒的立場，我認為維繫婚姻關係必須運用兩件法寶，那就是「智慧」和「慈悲」。用智慧化解夫妻間的困難，便是清楚判斷問題的根源所在，千萬不要只因為細微的性格不合、意見分歧而輕言分手。用慈悲的態度愛護、關心另一半，包容、寬恕對方的缺點，肯定並且學習對方的長處，這樣才能使婚姻關係長長久久維繫下去。

過去中國社會對婚姻的觀念是三從四德、夫唱婦隨、嫁雞隨雞，當然這對女性不公平，也不符合現代社會的價值標準。所以我並不完全反對離婚，但仍希望兩人既然選擇結婚、組成家庭，就不要輕率地離婚，因為這不僅影響夫妻兩人，對雙方的家族和小孩都會造成難以彌補的傷害，也讓社會付出了不安的成本。因此，夫妻間必須運用智慧與慈悲，多一些寬容及體諒，少一些計較及猜疑，以彼此的愛護與關心，來努力經營幸福的婚姻。

邁向家庭和諧之路

由於社會型態的轉變，也影響了傳統的大家庭制度，許多新的小家庭問題，便因而產生。新的家庭問題主要來自於夫妻間思想、性向、性格、認知角度的不同、生活習慣的差異等；乃至於心力、體力等的不同，婚後便容易出現溝通不良的情況。

夫妻間容易有隔閡，親子之間也有代溝。父母和孩子在一起的時間減少，孩子年幼時送去托兒所，或交由保母照顧，父母則在職場上賣力工作。親子關係的疏離，已成為現代小家庭中的常態，現代人已經無法回到過去的大家庭生活了。

所以，現代家庭和諧的維繫之道，就顯得格外重要。先說最容易有紛爭的婆媳之間，通常婆婆都希望媳婦像自己的女兒般乖巧，或符合自己心目中理想的標準。但每個人的標準不同，為人媳婦者固然應盡可能體貼孝順婆婆，不過她仍是別人家的女兒，所以婆婆對媳婦應該要多體惜、多包容。

此外，兒子既已結婚，就交給媳婦照顧了，不要一天到晚嘀嘀咕咕，要求兒子應該這樣、應該那樣。兒子成家之後，最好讓小倆口有自己的天地，當他們回家探望父母時，大家很歡喜地相處，若能如此，親子間就會減少很多糾紛。

至於夫妻之間，不要將對方視為自己的財產，而要視為共同相攜而行的伴侶。在情感上可以將對方當成自己的另一半，可是不能要求對方凡事都要順從自己；如果要求對方以自己的想法思考，以自己的方式做事，強求對方變成自己的化身，這樣是不公平、不合理的。應該讓對方回歸他自己，依各自的性格、方式做事，同時尊重彼此的想法與習慣，相互都願意做一個配角，學習對方的優點，原諒對方的錯誤。

至於對小孩的照顧，夫妻雙方也該多留心，要多了解小孩的心理，知道他們的希望與需求是什麼，當孩子的朋友，做個從旁協助的顧問，而不是一個威權的操控者。孩子從小到長大成人，會產生很多的改變，尤其到了青春期，是一個重大的轉變期，生理上的成長，會導致心理上的變化，千萬不要指責他們是叛逆。父母親在了解這些之後，應當站在孩子的立場幫助他們走過青春期的成長路，引導孩子辨認是非，而不是一味指責孩子不懂是非，如此便能降低親子間的衝突了。

退休生活是另一種風光

凡是在工作上奮鬥過的人，退休雖然是一生中必經的過程，可是有些人一旦退休，在心理及生活上就出現適應不良的狀況。以宗教的觀點來看，人生在世本無所謂得失，人生就是一個接連不斷的起伏過程，如同登山者爬到山頂之後，還是必須下山；上山時欣賞大好風光，下山時也可欣賞另一種風貌。既然必須接受這樣的事實，為什麼不能瀟灑一些呢？

退休是個人對社會責任、對家庭責任的告一個段落，卸下職場的重擔，又可以是一個新階段的開始；若能做如此想，就不會有失落感了。其次必須認知，退休的人並不等於無用的廢物，退休的人也不等於失去人生的價值。因此應該在接近退休年齡之時，做好更上一層樓的準備。

由於醫療保健的進步，現代人能活到七、八十歲已不是難事，從一般退休者的六十五歲算起，還有五至十五年的光陰。孔子說「七十而從心所欲」，七十歲之後，乃是人生的黃金歲月，不要說成是黃昏歲月，應該要好好享用。如果身心條件還好，可以開創事業的第二春，例如從事社會公益慈善工作的服務，或是從宗教的信仰和實踐中自利利人，也可以發展文藝、運動、旅遊等的興趣。有些人在退休後才開始念大學，參加讀書會，有些人則在退休後開始學佛參禪、學畫畫、雕塑、書法、練拳等，這些都是能讓老年人身心健康、安定、踏實的活動。

但是人生的終點站一定會到來，因此退休的人，應該早些開始有宗教生活的修養日課。雖然說不論是在人生的哪個階段，都需要有宗教信仰，但對於退休之後的人，信仰更顯得重要。有宗教信仰的人，最好也要安排宗教生活，所謂宗教生活，包括每天晨昏誦經祈禱，定期到寺院禮佛共修或上教堂做禮拜彌撒等。尤其退休後的人，這樣的宗教生活最好要多安排，例如學佛的人每天要做固定的課誦，每個月要安排一些時段參加宗教的團體活動，每年要安排某些時段在寺院裡精進修行及做義工。尚未退休之前，時間很難控制；退休之後沒有事業上的束縛，時間比較容易安排，因此可以多參加念佛、禪修、誦經、鈔經、弘法、助念、關懷以及宗教服務等活動。

宗教上的修行有相當的用處，它是對生命的一種體驗，有了宗教的生活，面對人生的最後，可以坦然、喜悅地迎接最後一秒鐘的到來；不再是一種恐怖經驗或末日來臨，而是另一個希望的開始，讓生命再度生起安全感，這種觀念一定要透過宗教生活才能體會。尤其佛教徒相信，只要平時的信、願、行具足，臨終時必感諸佛菩薩的接引，那不是生命的終結，而是無限的延伸，還不歡喜嗎？

人世間的環境只是一段旅途，當我們走完這個階段後，就是另一個菩薩道階段的開始。這些都是藉由宗教信仰、宗教生活的體驗，為退休後的生命注入新希望的力量。

成為「是」的父母

「天下無不是的父母。」現代人需要好好反省這句話的意涵。孟子說：「不孝有三，無後為大。」意思是指養育、照顧自己的後代很重要；另有一句話說：「養不教，父之過。」則是強調父母對兒女的慈愛、培養和教育是很重要的，如果不好好教育下一代，父母親是有過失的。

在中國古代的祭祖典禮上，長輩甚至讓年齡最小的兒孫坐在祖先的位子上，被當成祖宗祭祀，稱為「立尸」，意指對兒孫的培養就是對祖宗的回報。因此，現代孝道的精神，並不是單方面要求兒女對父母的孝敬，而是父母也要付出對兒女的關懷；只有這樣才能心無愧疚地說「天下無不是的父母」。

然而很多現代人，在生完孩子後，就交給保母照顧，無暇親自教養，這是未盡父母全責；盡責的父母除了給養孩子，還要以愛心照顧、培養親子感情，從潛移默化中陪孩子成長。時下有些父母，原本不想生孩子，不小心懷孕有了孩子，只好勉強養育，潛意識中認為孩子是個累贅，更不用說真心疼愛了。也有家長因為自身的精神或心理有問題，或是生活及家庭有問題，因而棄嬰、虐童，甚至凌虐致死的新聞也時有聽聞。所以說現代社會中，很多的父母不像父母。

當然絕大多數的現代父母，還是把小孩當成寶貝來疼愛的。根據統計，把一個小孩栽培到大學畢業，光是費用就需要數百萬元甚至上千萬元，負擔相當沉重。也有的父母為了籌措小孩的教育費、生活費、醫療費等，只好到處兼差拚命工作，結果缺少時間陪伴小孩，使得孩子感覺不到親情的溫暖。而且現在多半的家庭，都認為孩子不能輸在人生的起跑點上，所以除了上學之外，假日及晚間都要送去補習學科及才藝，不但小孩很累，父母也很累。可見得要成為「是」的現代父母，真是很不容易。

因此，結婚後有計畫的生男育女是應該的，如何栽培孩子，也應該有計畫，例如分多少時間給孩子，賺多少錢供孩子做生活費及學費。然後別忘了古語所說「兒孫自有兒孫福」，不必為了孩子的成家立業操太多的心，要留多少錢給兒孫，那是沒有底的，所以也是沒有必要的。盡心盡力把孩子帶大，以身作則當孩子的榜樣，為孩子做參考性的規勸勉勵，和他們做朋友，但不需要幫孩子安排他們的人生，庶幾可以算作「是」的現代父母了。

健康的工作態度

人類為了生存活口，必須賺取活命的衣食，農耕時代的人類，日出而作、日落而息，就是為了生活。遊牧民族逐水草而居，跋山涉水，畜牧牛羊，都是為了生活。現代人上班下班，勞心勞力，還是為了生活。

由此可知，工作的基本目的，就是在於餬口，為了取得衣、食、住、行、教育、醫療等，所以大家需要有工作。現代人的工作類型很多，古代中國有三百六十行之說，現代人有千萬行業，其共通點都是在證明，要付出辛勞才能生活。

如果說工作是為了生活，其實，要生活就必須工作，但工作則未必是為了要拿薪水。很多地方的義工，或稱志工，沒有拿薪水，卻也工作得很忙碌，我們不能說他們沒工作，他們只是在做沒有拿薪水的工作。如果希望生活得快樂，縱然是為了薪水，也不要時時刻刻在算計，工作一小時可以拿多少錢？錢少工作多划不划算？與其他人的工作量比較，自己是不是吃虧了？領一樣的薪水，自己的工作是否比他人更加忙碌？若不從「工作就是工作」這個角度出發，無論做什麼，工作一定都不會快樂。

健康的工作態度，不僅是為了薪水而已，除了是為生活，更是為了服務他人，奉獻社會，使社會進步，也使自己的生命品質成長。工作的質量和薪水的多寡，不一定能成正比，唯有好好運用工作的機會及工作的環境，讓自己成長，也使他人受益，自利利人，工作才會愉快。

如果把工作當作為社會大眾提供的奉獻，便是透過工作而將個人和社會大眾結合在一起，甚至也與現前的環境及未來的歷史，結合在一起了，這便是化自私的小我為無私的大我。如果能達到這種地步，你的人格，便與宗教家及哲學家的層次相當了。

新時代的工作態度

在過去的農業社會，因為交通工具不發達，從鄉間到城裡走一趟，往往得花很長的時間，更別說是遠赴異國了。然而對現代人來說，縱橫、跨越、往返於地球上的任何兩個端點，早就變成簡單而且稀鬆平常的事了。好比臺灣與紐約兩地，有時候我甚至覺得美東的紐約比臺灣的高雄還近一些，因為我平均一年去高雄一趟，去紐約則至少兩次。因為往返頻繁，對空間的距離感便縮短了。

同樣地，我們每天接觸到的人事以及資訊的數量，是非常驚人的，所以現代人的時間感也變短促了。例如，臺灣每天約有幾百本新書問世，全世界每天出版的新書數量，更是難以估算。莊子曾說：「生有涯，知無涯。」相較於古代人，現代人要學習的知識就更多了，怎麼學也學不完。資訊擁塞，知識爆炸，相對於我們所擁有的時間，就顯得格外短缺了。

因此，現代社會中出現了許多身兼數職的人；有能力的人，一個人可以兼任數項職務，時間當然不夠用。在時間不夠用的情況下，還非得在限期之內完成職分內的工作，當然就會緊張。有些人白天做不完的工作，下班以後還得帶回家做，而明天一早起來，又有新的進度要趕。在這麼忙碌的工作中，如果不善於支配時間，不懂得調整自己的心情與心態，就很容易害病。面對繁重的工作，最好是練習著「要趕不要急，要忙不要亂，要鬆不要緊」。

我自己也是非常忙碌的人，我的經驗是：「要趕不要急。」工作要趕，但是心不要急。心一急，身體一定跟著緊張；身體一緊張，就會影響到工作效率，不僅工作品質不好，對身體健康也不好。忙，沒有什麼關係，但是「要忙不要亂」，如果急急忙忙地趕工作，很可能因忙亂而造成錯失。

如何才能不急不亂？那就得練習著「要鬆不要緊」，便是要使身體放鬆，平常可以練習著讓自己的臉部肌肉、眼球以及小腹放鬆。如果眼球無法放鬆，臉部肌肉一緊，小腹就會跟著緊；長時間下來，就會感到身心疲憊，做事容易疏漏，也容易生病了。隨時隨地練習著讓自己做幾分鐘的休息是很重要的，在辦公室也好，在交通工具上也好，只要一有時間，就要掌握機會練習將身體放鬆，這是小小的休息；如果更進一步，練習著隨時可以睡著，隨時可以醒來，哪怕只有三、兩分鐘也很有用。許多大忙人都必須練成這個本領。

人必須認真工作，卻不要變成工作狂。所謂工作狂，就是有工作的時候拚命做；沒工作的時候覺得無聊，非得多找事情來做不可，把自己逼得非常忙碌，才能過日子。實際上這是因為心不能安頓，由於無處安心，所以要找工作來填補空虛。

如果把工作當成是一種奉獻的機會，是一種藝術的把玩，是一種生命的欣賞，就能在輕鬆的身心狀態下，把工作做好了。

不要在起跑點上把孩子絆倒了

由於工商業社會的競爭激烈，使得許多父母存有「不要讓孩子輸在起跑點上」的想法，總是望子成龍、望女成鳳，希望孩子能比自己有出息，長大之後能夠出人頭地，青出於藍而勝於藍，擁有成功而且令人羨慕的美好的人生。

但在現實生活中，孩子卻未必都能成為父母預期中想塑造的那條龍或那隻鳳；甚至由於父母的期望而給孩子太大的壓力，導致親子之間感情的對立。曾經有一位事業有成的父親，為了讓兒子繼承自己的事業，從小就培養他往特定的方向發展。但是這孩子從小叛逆，凡是父親要他學的，他一概沒有興趣，後來還離家出走，四處流浪，成了街友。可喜的是，這孩子並未迷失自己，後來他靠自己的力量，重回學校讀書，也培養出自己的專業。可是跟他父親的關係，卻再也無法改善了，而他的父親很後悔，本來想栽培兒子成龍，結果卻失去了他跟兒子之間的親情。

西方社會的父母對孩子的成長，通常抱持另外一種態度。我有一位西方弟子，在小孩五歲時，慎重地為孩子選擇了一所幼稚園。他挑選的是不教讀書的幼稚園，不會整天逼著孩子記單字、讀書、背書，而是陪著小孩玩各種各樣有趣的玩具和遊戲。孩子在幼稚園天天玩得很快樂，也學會很多東西，到了上小學後，便成了一名資優生。

今天臺灣的許多父母，為了不讓孩子輸在起跑點上，為小孩安排過多的學習課程，每天學校的課業已經夠多了，放學回家及週末假日，還要送他們到各種補習班和才藝班，結果父母花錢又耗神，苦了孩子卻未必有多大用處。做父母的應該盡量不要給孩子過多的壓力，應該讓他們自然而然走出一條路來。

我知道有一位年輕的女鋼琴家，從小就對音樂展現特殊的天賦。她的父親是位音樂老師，只為她買了一架鋼琴，並沒有急著同時送她去學其他樂器，而是默默觀察她對勤練鋼琴的興趣。結果這孩子在十幾歲時，一舉奪得國際音樂比賽的大獎，站上了國際舞台。這是一個很好的例子，對於孩子的前途，須有對的環境、適當的天資、自發的興趣，加上勤奮專心的努力。

身為父母的人應該謹記，不要在起跑點上，把孩子給絆倒了！起跑點並沒有所謂的輸贏，只是一個摸索、一個開始，不要把這個點看得太嚴肅。在兒童期培養孩子的興趣，了解孩子的天資及性向，再提供一個對的環境，其他的就毋須斤斤計較起跑點上的得失了；否則盲操瞎練，只會在起跑點上把孩子絆倒而已。

當然，只有少數的孩子，自幼便展露某方面優異的天賦及興趣，多數的孩子，不容易看出他們有什麼特殊的資質。有的孩子對什麼東西都好奇，似乎樣樣東西都有興趣；有的孩子看來就是呆呆笨笨的，似乎對任何東西都沒有多大的興趣。這就要靠父母的引導及安排了，從最容易學會的項目安排起，學會了一項，專精了一項，再學第二項；如果第一項學了一陣子不想學，便換第二項；萬一安排任何一項，都不願學，父母就得付出耐心，培養孩子的興趣了。

我認識一個青年畫家，從小喜歡亂塗亂畫，不喜歡讀書識字，使得父母非常失望。結果這孩子長大後卻成了一位知名的暢銷漫畫家，你說他是由誰在起跑點上栽培的呢？

怎樣看待貧富差距

在全球經濟不景氣的低迷狀況之下，臺灣社會出現了所謂的「新貧階級」，貧窮儼然已成為國人心中的隱憂。為什麼我們對貧窮如此憂懼？因為貧與病往往相連、貧與困常常分不開，所以「貧病」、「貧困」成了貧窮的寫照。事實上，貧窮不一定是壞事，寒門出狀元，窮人也不一定沒有未來。古今中外，許多影響時代的大人物，多數是從貧困中成長過來的。像我從小就是在清貧的環境中長大，一直到五十多歲，身上經常是沒有錢的，也沒有人願意借錢給我，生活雖困頓，但還是快樂自在地活過來了。

我真慶幸我是出生在二十世紀三〇年代中國大陸的一個貧農家庭，那是一個兵荒馬亂、旱澇不斷的年代，家中經常斷炊缺糧，依照通常人所說的「貧賤夫妻百事哀」，我的父母應該是生活在愁雲慘霧的深處了。可是，也許我的父母已經貧賤慣了，反而不知道要悲哀什麼，倒是常常聽到父母安慰全家大小說：「天有好生之德，地無絕人之路。」多走一步算一步，多活一天算一天，船到橋頭自然直，好好地努力活下去最重要。憂悲愁苦沒有用，想想辦法最要緊。有啥子辦法？有糧食很好，沒有糧食的話，樹皮、草根、觀音土，也可以果腹！我們家就真的吃過一陣子榆樹花、楊柳葉、茅草針，以及河邊的馬蘭頭、野外到處都有的鵝臥藤；這些原來都是餵豬飼羊的草料，所謂飢不擇食，大家還是吃得開開心心。在那個年頭的農村裡，家家都貧窮，包括極少數的小地主家，由於租糧收不到，生活條件也好不了多少。

所謂：「不患寡而患不均。」意思是指物質貧窮並不是最糟糕的，心不平衡才是痛苦的原因，最大的問題是資源分配不均。從當事人的角度來說，貧與富所造成的階級差距，主要是來自社會地位的評比。窮人與富豪一經比較，便顯出彼此間的差距，這是許多人之所以無法忍受貧窮，甚至盡其一生都在賺取更多錢的原因。因此有人說，資本主義的社會有政治自由、經濟自由、言論自由、宗教自由……，就是沒有貧窮的自由。因為貧窮會讓人失去社會地位，失去親戚朋友，連家人也可能看不起你。這主要是由於大家的心靈貧窮，倒不完全是因為物質生活的貧窮。

臺灣近幾年來，由於已有非常多中小企業關門歇業，失業人口大幅激增，而過去被民間視為理財管道之一的銀行存款，也在趨向零利率化之後，更加深民眾對財產貶值的恐懼，這便是造成新貧階級的主因。

新貧階級的激增，是不是說富豪人家也一併減少了呢？並非如此。部分科技新貴、資訊寵兒與轉型企業，在這一波全球不景氣的風浪中，仍創造了可觀的財富；反倒是中產階級則可能因為被裁員或減薪，而讓原本過著小康生活的家庭，一下子變得捉襟見肘。所以，真正的狀況是「富者自富，貧者自貧」。

如何能夠抑止貧富差距的繼續擴大？我對於此當然是外行，所以不敢置喙，我只以一個宗教師的身分認為，若能促進財富的流通，便可拉近貧富的差距。任何財富的創造，並不是單靠某些個人的能力，而是由整體社會所共同促成，無疑也是整體社會的共同財富。富有的人，是以自己的福分、智慧及專業，為社會經營財富，故應該建立布施的觀念，將財富分享給社會大眾，從事公益的福利及文化等事業，或協助政府共同改善弱勢團體及貧窮者的生活環境，以做為回饋。

不過，人有勤惰、智愚、賢不肖、殘障與健強等的不同，要徹底彌平貧富之間的差距，在現實社會中幾乎是不可能的事。從佛教的觀點來說，造成貧富差異的原因，是與每一個人在過去生中曾否多結眾生善緣有關；或是菩薩為了示現貧窮相，而以窮人之身於今世之中現身說法。貧窮本身不是罪惡，窮人也不需自卑。如果具有大福報的富人能夠布施，把財富分享給社會大眾，貧富之間的差距或許就能減少一點，社會也會祥和一些，自己的福報也會更加成長一些了。

5

生命的智慧

原諒的智慧

法鼓山有一位女信眾在榮民總醫院工作，有一天她騎著腳踏車在路上被機車撞倒，結果肩胛骨、下巴、腿部都受了傷，傷勢十分嚴重。幸好一位好心的路人幫她將肇事的車輛攔下，並且報警處理。後經警方調查，才發現這位肇事的車主，是無照駕駛的年輕人。但這位信眾並沒有要求他賠償，只請他送她到榮總去接受治療，並且勸導這位年輕人，不要再無照駕駛。

這位年輕人看起來相當乖巧，不但應允了她的要求，同時也聽從她的開導，還到農禪寺皈依三寶，受五戒、菩薩戒，甚至打了禪七。過了一陣子，有一天年輕人告訴她，他需要一筆錢進學校念書，這位女信眾信以為真地借了他二十萬元，從此之後，這位年輕人就再也沒有出現了。後來這位女信眾跑來找我抱怨，我告訴她：「原諒人不是不好，但是需要有智慧，如果能先了解他的背景，或許就會發現他來寺院參加活動的目的不在學佛。」

但是，要有智慧地原諒他人，並不是一件容易的事。社會上有的人犯錯之後，會表現出很有悔意的樣子，但他並不是真的感到愧疚，他的道歉只是想要尋找第二次傷害人的機會。如果輕易就原諒了他，不但對受害人不公平，被原諒的一方，也會因為沒有得到警惕而繼續傷害他人，並習以為常。不過，大多數人做錯事之後，會打自內心認錯，並且不犯第二次，這種人當然就要給他改過自新的機會。因此，寧可相信犯錯的人有心改過，不要不給他們機會。

另外，當別人犯錯的時候，我們心中不要記恨；反而要記取教訓，感謝能學到一次經驗。記恨只會讓自己心裡受到更多的傷害，一直處於哀怨不平的情境，認為自己受了委屈、不公平，心中常常耿耿於懷，老是惦記著「對方欺負我」。不能釋懷是痛苦的事，明知痛苦，何不放下！

因此，面對別人的過錯，不要以怨恨心去報復，或是心懷要對方接受懲罰的念頭；而是要以智慧找出一個能使對方受到制衡的方法，這是讓他知道自己做錯了事，必須付出代價。給予原諒，也是給予教育的一種方法，藉此機會不但可以改變犯錯者的人品，也可以改變犯錯者和別人相處的心態，使犯錯者受到感動而引發自我約束的動力，這才是有智慧的原諒。

曾經有社會大眾針對在校園連續強暴女生的「華岡之狼」，是否應該獲得假釋，讓他回到學校就讀的問題，引起廣泛的討論。我們的社會當然應該給他改過自新的機會，不過，那些受過他侵害的人，會怎麼看待呢？回到學校之後，同學們怎麼看待他呢？「華岡之狼」所牽涉的是心理問題、生理問題、家庭問題以及社會問題，這些都是有待處理的問題。因此在他回到校園之前，必須採取妥善的措施和準備，才會對他有幫助，也才能使社會得到平安；否則對社會、對當事人都不一定是好的。

如何看待「只在乎曾經擁有」

電視上曾經流行一句廣告詞：「不在乎天長地久，只在乎曾經擁有。」這句話似乎給人很樂觀的感覺，但其實也暗藏了灰暗的一面，那就是成為「今朝有酒今朝醉」的享樂主義，是非常不負責任的心態。

從正面來看，天長地久是一般人的希望，也是古老的哲學思想，認為天與地是有始無終的、是永恆常住的，卻不知道天地本身也是無常的。「天」原是非常抽象的，乃是形式上的存在，若就有形而具體的天體來說，太空中的銀河、星辰就是天；一般人所接觸到的天，則是指自然界的現象，例如寒、熱、冷、暖、陰、晴等，是天氣的常態。但是春夏秋冬在變化，風雲雨露也在變動，這就是無常；天在變，地也在變。所謂滄海變桑田、桑田變滄海，高山變大海、大海變高山。既然天地萬物都不斷地在變，天長地久的期望，根本是不存在的。

那麼，暫時能擁有的究竟是什麼？通常人們想到的是美眷、兒孫、物質、財富、名位、權勢，以這些來代表幸福快樂與成功。但是，擁有了這些東西，也會產生變化，擁有一段時間之後也會消失。此外，所擁有的東西，不見得都是美好的，譬如，颱風正在侵襲的時候，你可以說擁有一個颱風；正在地震的時候，可以說擁有一場地震，因此，擁有也可能即是苦難。

前一陣子有人告訴我，他很慶幸在去年捐款給我們法鼓山，假如當時未把那筆錢捐出來，現在也不是他的了，因為他的股票都在最近一年內賠光了。他曾經擁有很多錢，捐出的當時，雖然少了些資產，但是，內心卻有了滿足與歡喜。因此做這件好事，並沒有讓他失去什麼。所以說物質只能暫時擁有，而精神上的擁有，則可以保持長久。

很多人在當了官之後來找我，我經常跟他們說，當官之後要多制定便民政策，官位的變動是很快的，但是你所做的好事，會留下來惠及後代。事實上不論是當官、做生意，只要在你的職務上留下功績，縱使職位會隨環境變動，但是你對這個社會的幫助、貢獻、成長，卻可以流傳長遠。抱持這種觀念，人們就不會產生「今朝有酒今朝醉」的想法了。

互信的建立

人與人之間的互信，建立在誠懇的基礎上，有誠意才能得到別人的信任。無法彼此互信的人們，為了保護自己，不得不懷疑別人會用什麼樣的方式來傷害自己。尤其現代的工商業社會，只要一牽涉到利害關係，包括金錢利益、地位名望、男女感情等的爭奪之時，為了保護自己，無不時時提防別人、處處懷疑別人。

偏偏人很善忘多變，幾天前被人欺騙後還很生氣，今天他給你吃幾塊糖，你又覺得這個人不錯，心想可能是自己弄錯了，又與這個人和好。但這幾塊糖可能是誘餌，讓你再次上當。這種多變的人到處都有，防不勝防。這樣說來，在現代社會中想要建立互信的習慣與風氣，似乎很悲觀。

其實倒也不必悲觀，只要我們不期望得到非分的利益，別人怎麼講、怎麼說、怎麼玩，我們都不會受騙，也就不會損失。金光黨專門針對人們喜歡占便宜的心理而行騙，只要有非分之想的人，就會受到欺騙。就像是修行禪定的人，如果希望很快能得到神通、感應，就很容易招致奇怪的身心反應，甚至引來鬼靈附身，靈體把你當成媒介來控制；如果你的心無所求，放下自私心、執著心，用這種態度修行就會百邪不侵。

雖然目前社會上很多人不可靠，但也不用太過擔心，自己仍要以誠待人。誠懇不是傻瓜，坦承的意思是不要欺騙，但也不需要把自己的全部告訴不相干的別人，人家想知道的，你能說多少就說多少。例如每到選舉的時候，我絕不會表達我的政治立場，人們問我投票給誰，我不會說，也不會主動向任何一位候選人表白。

保密不是不坦承，坦承的意思是不欺騙。以我而言，我不會告訴對方假的訊息，真訊息能告訴對方的，我就說，不能說的，就不說。這讓人覺得跟我相處是很平安的，至少認為跟我相處，我不會傷害他。不管對方是否讓人信任，至少我們要做到讓人信任，如果每個人都能這麼做，就不會有人受害，也不會有機會讓人害人，彼此間的互信就很容易建立起來了。

理直氣「和」

近來發生許多的社會事件，都是由於當事人的情緒失控，而鑄成了大錯，令人感到相當惋惜。其實每個人都會「生氣」，但表現方式不同，有些人生氣時悶悶不樂、有些人變得脾氣暴躁、也有人選擇訴之以暴力，結果是自害害人，也造成了社會的不安。

生氣真的很不好。從身體來看，因為不如意而生氣，血液會很快地往腦部衝，危害健康；由於情緒失控，於是非理性的言語、粗暴的肢體動作就會出現，結果傷了人，更傷了自己。因此「氣」還是少生為妙。

古人說「和氣生財」，這裡的「財」，除了物質上的財產，尚有精神上的財產。很多人因為常常生氣、情緒失控，不僅賠上身體的健康，精神的損失更多。所以要隨時保持「理直氣和」的習慣，不要相信俗話說的「理直氣壯」，否則就會有生不完的氣了。

只要是人，都難免會生氣。以我個人為例，當我遇到弟子做錯事，或見到他人犯了很嚴重的錯誤時，也會有生氣的感覺出現；但我不會生氣到讓自己痛苦，更不會讓對方感受到我的情緒失控。想要情緒拿捏得恰到好處，這便需要用智慧來化解，用修養來消融。

一旦生氣而控制不住的時候該怎麼辦呢？我的建議是，如果在生氣前已經感覺有預兆時，佛教徒的作法是口中多念「阿彌陀佛」或「觀世音菩薩」來尋求心情的平靜；若是非佛教徒或一般人，可以調節自己的呼吸來緩和情緒。如果是突然控制不住而生了氣、動了怒，最好能馬上想到和自己有衝突的對方，一定也有他的原因，轉而以慈悲心看待他，向他說對不起，不論對方是妻子、丈夫、孩子、朋友、工作夥伴等，都應該如此。

曾經有一個例子，有位媽媽心情不好，又聽到自己的孩子不停地叫「媽媽」，使得她心情更煩，就打了孩子一巴掌；當孩子難過得正要哭的時候，媽媽突然覺得自己不對，馬上向孩子說：「對不起！剛才媽媽情緒失控，不是故意的。」這個孩子也很有趣地回答說：「那以後可以打輕一點嘛！」可見得自覺性的自制，能夠適時化解衝突和對立。試想，如果這位媽媽沒有向小孩道歉的話，在孩子幼小的心靈中，會造成多大的創傷，可能一輩子都不容易平撫。

面對生氣，要學會「反觀自照」，也就是照一照自己的心念，問一問自己為什麼要生氣？一旦常常照這面反省的鏡子，就會發現，根本是可以不用生氣的。很多人把小事當大事，其實，天下根本沒有事——沒有大事，沒有小事，更沒有需要生氣的事。

生活的意義及生命的價值

大多數的人，並不明瞭生活的意義與生命的價值。一般人在小的時候渾渾噩噩；長大之後結婚生子，成家立業；然後孩子長大了，自己退休了，便等待老死。另外有一些人，從小就立志，長大後要當大人物，要賺大把的錢。

有些聰明人懂得規畫自己的生涯，他們在有了人生閱歷之後，便確立好將來的生活方向。譬如說五十歲的人，希望未來的十年能夠做些什麼；

到了六十歲，如果身體還健康，又為自己規畫另一個十年計畫，但是人生的意義與價值何在，卻仍舊不太清楚。這些人懂得如何安排自己的生活，卻不曉得生活的意義及生命的價值在哪裡。

生活的意義在於自我的成長，生命的價值在於與他人分享。生活是個人的成長，生命是個人與群體、個人與歷史關係的互動。個人的成長，在於安身立命、培養人格、奠定自己立身處世的道德規範；生命的分享，在於社會責任及歷史責任的承擔和延伸。因此，生活的規範有限，生命的價值無限。

生活的意義，不僅是肉體的生存，更在於心靈的成長。成長的過程起起伏伏，不是金錢數字所能衡量，有形的物質層面和無形的精神層面，不一定成正比。當一個人的人格墮落之時，也可能正是他的財富權勢快速增加之時，當一個人的人格昇華之時，他的生命價值就相對提高。

人的價值，往往在人際互動之時彰顯出來。人際互動有兩種，一個是「接受」，另一個是「付出」。接受是受報，付出也是受報，但受報是被動的，感覺上似乎是身不由己，如果換個角度思考，把它當成是主動的還願，那就是心甘情願的了。接受的項目包括接受親屬、接受老闆與部屬、接受技能及智能的培育，從生存的環境、人類的歷史，接受各種各樣的資源。接受不是壞事，人際間的互動關係，很多時候就是建立在接受上。

至於付出，可以是痛苦的，也可以是愉悅的，付出自己擁有的智能、時間、技術，及各式各樣的財物資源、社會資源，因為付出，而顯現出生活有意義、生命有價值。但有時候我們必須因付出而接受飽嘗痛苦的經驗，這時不要沮喪，想想我們總會在不經意間傷害別人，或許已經事過境遷，但我們必須為此付出代價，這種付出雖然痛苦，卻能使生活更充實，生命更豐富。因此，當我們遇到不如意的付出時，不妨把它看作是過去生中所許的悲願，是主動的不是被動的，便可將這種痛苦轉化為快樂。正像是父母為兒女做數十年的牛馬，都覺得是樂在其中的事。

如何不生氣

現代人強調EQ的培養，其實EQ就是情緒管理的人品修養。有些人外表看似平靜，但內心卻充滿矛盾與掙扎；有的人在公開場合脾氣很好，但是回到家後，就將內心的怨怒完全發洩出來；有些人為了達成某種目的，在某些場合中表現得文質彬彬，一旦目的得逞就原形畢露。

這些表面和善的人，比起無法控制脾氣的人還危險，因為他們藉由外在的偽裝，掩蓋內心的矛盾衝突；有些人甚至可以將惡意邪念隱藏許多年，一旦他們所要謀取的東西到手之後，就立刻翻臉，變成了另一個人。反倒是那些心直口快的人，比較不可怕，和他們相處也不一定有衝突；這種人的煩惱通常不會很多，反而是那些偽裝壓抑私欲的人，煩惱比較多。

不過，這並非鼓勵大家直接將情緒寫在臉上，或遇到不滿時便立即表達出來。心直口快、情緒不穩定的人，其實是不適合擔任教育、關懷、公共服務，以及各項領導工作的。因此宗教師、教育界人士、政治人物、企業家等管理階層人士，更需要做到情緒管理的功課，否則不僅自害，也會害了部屬、家人、親友乃至社會大眾。

然而，情緒穩定並不等於壓抑情緒，尤其現代社會變化快速，競爭激烈，每個人都應該學習如何化解負面的情緒。首先要學習轉變自己的觀念，當有逆境現前時，或在遇到瓶頸時，或在遇到不順遂的挫敗時，不妨告訴自己，在戰場中，善於用兵的人，不宜輕易動怒；看過武俠小說的人，也都知道，武功高強的人，不會輕易生氣。因此，真正要解決問題，不是光靠發發脾氣、耍耍性子就能完成。如果錯誤在對方，應對他生起憐憫心，哪裡還會生氣；如果錯誤在自己，應該馬上改過，怎麼可以生氣。

但是，僅有不生氣的觀念，還是不夠的，必須輔以方法來練習配合。當發覺自己生氣時，可以把注意力的焦點轉移到自己的呼吸上，欣賞呼吸的感覺，體驗呼吸的進與出，並且告訴自己，即使受到委屈，只要還有一口呼吸，就是享有完整的生命，生命既然尚是完整的，又何苦生氣。

此外，生氣之時，也可以到戶外散散步，或看看窗外的風光，或觀賞一下周遭人、事、物的或動或靜，都是一幅一幅的畫面，都有一則一則的故事，不用多少光景，你的氣就消了。

可是有些人是藉由猛喝酒、猛抽菸、睡悶覺來躲避情緒的衝擊，但是當你醒來之後，只要一想起受氣之事，痛苦的情緒又很容易復發，所以，那不是解決生氣問題的好辦法。

怎樣才能成功

人如果活在希望中，就能夠產生活力；如果活在絕望中，就很容易失去求生的意志。因此不管有沒有崇高的理想，「希望」是人人都必須有的。

多數人都有夢想、都有企圖心，不過，只有少數人能完成夢想、實現企圖，事與願違者比比皆是。有些人汲汲營營於名利的追求，然而命運捉弄人，意想不到的阻礙卻經常發生，於是便產生了「求不得苦」。佛陀曾說人生有八苦，其中有「求不得苦」與「壞苦」；「求不得苦」很容易明白，至於「壞苦」的意思，是指即使求得自己所想要的東西之後，雖然很歡喜，卻無法永久保有它，這時就會感到煩惱痛苦。得而會失、成而會敗、起而會落，便是壞苦。

曾經，美國有位獲得高額樂透彩金的男子，當記者第二天去採訪他時，他卻開始發愁，因為突然獲得這麼大筆的財富，讓他不知所措，擔心被搶被偷，竟然在攝影機前嚎啕大哭；之後，這個人便憂鬱而死。看來，即使一夜致富大有所得的人，也未必幸福。

能不能成功，可不可以心想事成，獲得自己想要的東西，這跟各人所處的時空環境等條件有關。除了自己的條件與善根福德外，還需要機緣配合；也就是說，過去自己投入的努力及培植的善根福德，只是成功的「因」；想要獲得成功的「果」，仍需要配合時、空、人、事、物的外緣，若有外緣的配合，加上你自身屢世累積的福德為因，便能成功。例如，在需要你的機會中，你恰好出現，便能水到渠成；否則機會在你面前，你還再三猶豫，或者根本弄錯方向、緣木求魚，任憑你怎麼祈求，都是很難如願的。

事實上，在每一個時代中的大多數人，聰明才智都是差不多的，卻是有人幸，有人不幸，成功的關鍵便在於能不能遇到機緣和把握機緣了。

曾經有很多人問：「像聖嚴法師這樣的人是如何培養出來的？」我在我的文章中也一再提及，我在青少年時代錯失很多就學的機會，即使出了家，也曾面臨無人接濟與流浪街頭的困境。能夠走到今天，是因為現在這個時代需要我、環境需要我，而我就把握機緣，配合時代，適應環境的需要，努力奉獻我一己的心力。我從未刻意要培養自己成就一番大事業，因為我知道，如果沒有時空環境的因緣配合，我可能只是一介老死桑下的凡僧而已。

常言人生不如意事十有八九，環境不好、時機不對，走錯了方向、選錯了行業，可能都是成功的障礙。很多因素不是你自己能掌控的，也不是自己能決定的，因此成功的人，並沒有什麼好驕傲的；因為你的成功並不代表你有三頭六臂、有多少能耐，如果不是生長在適當的時空裡，你也不一定會成功。失敗的人也不必氣餒，不需要怨聲載道，應該在工作陷入低潮的時候，好好培養自己，等到機會來臨時，才有東山再起的資糧。而且，就算是一輩子都不能出人頭地，只要生活得身心平安，在自利利人之中度過一生，便是一個成功的人。

如何改掉壞習慣

良好習慣的養成，是從知道什麼是好習慣、什麼是壞習慣開始。所謂好習慣，包括衣、食、住、行等的生活方式、待人接物的應對言行，不失儀態，不讓他人不便，不使他人不舒服，對家人關心，對公共環境愛護，舉手之勞做好環保。從觀念、心理、口頭到肢體動作，都能考慮到自我的品格以及他人的利益，至少不讓他人覺得不舒服，這就是好習慣。

如果將生活安排得亂七八糟，那是對自己的傷害。如果在日常生活中，言行不檢點，吃無吃相、站無站相、坐無坐相、行無行相、臥無臥相；與人相處時粗言惡語，以暴戾之氣對待周遭的人，不愛護公共環境的事物；跟同事相處則妒嫉排擠、爭功諉過、懷疑怨恨；或是處理事情毛毛躁躁，不細心、不踏實，沒有自我反省評估的能力，或是根本不想花心思自我檢點，一味地任性放肆，自害害人，便都是壞習慣。

習慣是一種日積月累的態度，是反覆出現同樣的想法、語言、動作。常常有人對我說：「我是個心直口快的人，做事粗枝大葉，不拘小節，容易在無意間讓別人受到傷害。」我的忠告是：「既然你已經知道自己的缺點，就不要一錯再錯了，應該練習著慢慢改進。」但是願意改掉壞習慣的人很多，有恆心時時檢點、日日改善的人卻不多；所謂積弊成習、積非成是、積習難改。其實，只要發願改善，就可做得到的。

也有人對我說：「師父，對不起，我什麼壞習慣都沒有，就是有點小嗜好，喜歡喝酒抽菸。」他有酒癮、菸癮，除了造成身體的負荷之外，也可能會酒後傷人，二手菸害人，這還不算是壞習慣嗎？但也不用擔心，只要勇於發願，戒酒戒菸，也不是難事。

我曾遇過一個人，他有口吃的毛病，我告訴他：「你可以自我矯正，不要急著一下子想把話說完，自己在家的時候，多練習朗誦，或者也可以安排到學校去上矯正的課程，改掉口吃的毛病是一定辦得到的。」至於我自己，年輕時說話速度非常快，經常有人向我抱怨我說話太快，讓人聽來吃力不舒服，於是我就不斷地練習，一段時間之後就改掉說話太快的習慣了。因此，要改掉一種習慣，決心與毅力相當重要。

有些人出口就是罵人的話，或是不說粗話就開不了口，縱然常常被人譏諷為「狗嘴裡吐不出象牙」也不在乎。對這些人來說，能夠練習著少罵人，少說粗話，就是好習慣。要改掉這種習慣，可以在每次說話之前，先念一句佛號；在想罵人的時候，先做一下深呼吸，感覺自己呼吸的進出，可以讓自己的壞習慣緩和一下。如果發覺自己罵了人，說了粗話時，立即對人致歉、對己慚愧；久而久之，說話粗魯的壞習慣就會改過來了。

要改掉壞習慣，首先要下定決心發願，同時要隨時勉勵自己，以免不留意時老毛病又犯了。這是要付出恆心的，因為壞習慣不是一天養成的，當然也不是兩、三天就可以改掉的。

勿把可敬的對手當作敵人

「對立」不見得是壞事，有時候相反的兩個立場，往往能激發出創意的火花。例如做學問，因為理念不同，彼此腦力激盪，反而能使真理愈辯愈明；即使是商場上，合理的同行競爭，往往能使消費者享受更多的利益。

但是，如果因為對立而產生仇恨，那就不是一個好的狀況了。選舉期間，我們常聽到政治人物說「這是可敬的對手」，或說某某人是「可怕的對手」，甚至說是「可惡的對手」。在「可敬的對手」之間，兩者雖然相對立，卻不是敵人；在「可惡的對手」之間，就充滿敵意了。對立是一種彼此的立場，而敵對則是「不是你死，就是我亡」。真正有理性、有智慧的人，是沒有敵人的，因為競爭的一方既然是可敬的，怎麼會是敵人？

臺灣有兩大知名的高科技大廠：台積電與聯電。有一回我與聯電董事長曹興誠先生見面，我半開玩笑地對曹董事長說：「有人說台積電是你的敵人。」他卻回說：「不，台積電是我可敬的對手。」又一回我遇到一家食品公司的負責人，請問他與另一家食品公司的關係，他卻苦笑著告訴我說：「那是我的敵公司。」因為他就經營層面來看，客戶有限，多一個競爭者就少了許多行銷的對象。

當一項產品成功開拓新市場後，自然容易吸引其他競爭對手來分食大餅。如果遇到旗鼓相當的競爭者，我們要學會反向思考，要提高產品品質，增加產品種類，競爭力也會隨之提高。而當大餅漸漸變小，也就是自己要考慮進行產業升級的時候了。過去臺灣代工商品外銷到海外，如今有愈來愈多其他地區的代工，以更低廉的工資與臺灣競爭，消費市場又未見擴大，因此臺灣必須從傳統產業轉型進入高科技產業、知識密集的產業。如果各行各業都隨時隨地準備轉型，開發新科技，雖然很辛苦，社會卻因你的辛苦而能日新月異地進步。

面對商場的競爭如此，政治人物之間亦應該如此。曾經有位政治人物說過：「我沒有其他敵人，我的敵人就是我自己。」不把對手當敵人，只要糾正自己的缺點，便能天下無敵，這是相當有智慧的一句話，有智慧者就不見有敵人。激烈的選戰中，如果還能將對方視為「可敬的對手」，這就是充分表現民主的風範。政治人物之間的競爭，不一定要你死我活，而是要彼此互補。

不論是宗教人物、政治人物、各型公眾人物，以及各行各業各種職位的人士，都該提倡「我沒有敵人」的想法；特別是公眾人物，因為他們的言行，會對追隨者及仰慕者產生巨大的影響，不只是口說沒有敵人，內心也要確實做到沒有敵人。

利人便是利己

在我當小和尚時，有一天廟裡來了一位行腳僧，他病得很重，身旁沒有人照料起居，我師父就告訴我：「有一天你也需要四處去行腳，若是病了也需要有人照顧。」師父的意思是要我去照料那位病和尚，因此在那一陣子，我除了把自己的功課做好之外，也幫忙清洗打理那位行腳僧的衣食、湯藥和大小便器。

剛開始，我覺得這份多出來的工作很討厭，但是後來慢慢得到助人為善的樂趣；而且經過那段時間的磨鍊，我除了學會照顧他人，也學會如何照顧自己，就這樣，我多了一項看護病人的新技能。

一個人的一生，只要願意奉獻、學習，都是自我成長的機會，這些成長，包括人格的與心理的兩種層面；但是如果不用心，恍恍惚惚過日子，人生很快就在蹉跎中逝去。記得在我十來歲時，我的二哥在軋棉花，這種工作很辛苦，需要不停地用腳在機器上踩踏著，因此他希望我也能出力幫忙。當時我還小，只想玩不想幫忙，我二哥就告訴我：「小弟，在草地上被放養的牛不久就會被人殺來當食物吃，但那些幫農夫辛勤耕田的牛，人們會說牠們是人的夥伴，一直飼養到老而捨不得殺來吃。你要當哪一種牛呢？」被二哥這麼一說，我開始認真幫他工作，一有空就分擔他的辛勞，把幫助二哥的工作當作玩耍，也是很快樂的。

例如我出版生平第一本書，也是肇因於我的好管閒事。本來我在軍中，只需做好本分工作就夠了，但當時有一位法師和一位基督教的牧師大打筆戰，我為了幫那位法師的忙，於是加入戰局，讀了許多書，寫成數萬字；這事件又促成了我日後研究宗教學，寫了一冊《比較宗教學》。透過勤勉的寫作，從此使我的思路更為清明，也練就了一支多產的筆。

很多人抱怨軍中生活乏味，但是我的軍中生活卻相當充實。我把分內的工作做好之外，只要有機會幫助人、服務人時，我也不會錯過，結果自己所得的收穫反而更多。例如，當時我參與軍中刊物的特約採訪工作，雖然別人玩樂時我還得工作，但因為多一份付出，也使我多了一份進步。

身而為人，就要不停地求進步，其方法與原則，不外乎除了做好自己的本業外，也要多參與服務他人的活動。如此不但能調劑生活，同時也能拓展自我的深度及廣度，為自己創造更寬闊的際遇，所以我要說：「利人便是利己。」從我的人生歷程來看，的確印證了這句話。因此奉勸大家，尤其是年輕人，在努力於本業之餘，也要多多協助他人，多參與公益的活動，自己才會有多層面、多角度的成長。

為自己的人生許一個好願

有一陣子，美國許多著名企業的執行長被質疑做假帳，造成軒然大波。雖然事件發生在美國，但也值得臺灣反省，我們是否或多或少也迷失在紙醉金迷的世界裡？難道生命的意義與價值，就是為了賺錢、為了求名位、為了爭權奪勢而不擇手段地明爭暗搶嗎？

多數人都貪愛名利，在追求物質欲望的過程中，渾渾噩噩過日子。尤其臺灣社會很容易有一窩蜂的現象，一旦流行什麼東西，許多人都會不加思索地就跟著流行走；無論任何場域，凡是被炒成搶手貨的，大家就會擠破了頭去購買，事實上那些東西，真的適用於每一個人嗎？

既然生而為現代人，就應該要有獨立思考的能力，要用常識去了解，要用智慧去判斷，究竟什麼東西是適合自己需要的，什麼東西是可要可不要的，什麼東西是根本不需要的。如果能具備「我要的不一定是別人要的，別人要的不見得是我要的」這種獨立的判斷能力，便不會在現代物欲充斥的環境中迷失了自己。

可是，有許多人就是喜歡跟著大眾瞎起鬨。如果人的一生，只是順從著多數人的時髦，盲從而沒有自主性的判斷能力，生活便成了真造業、活受罪。

究竟我們該怎麼活著，才有意義與價值呢？就佛教徒的立場來說，凡夫來到這個世間，是來受報、是來還債；佛菩薩來到這世間，則是為了發願、為了還願。我們每個人都有數不盡的過去世，也有不可數的未來世在等著我們。過去我們所思、所說、所做的，會影響我們這一輩子，因此有人卑賤有人高貴，有人貧窮有人富裕；我們現在世的所作所為，也將影響未來世的尊卑與貧富、健康及福壽。

如果能從三世因果的角度來看人生，我們就能明白，何以有人可以一帆風順、左右逢源、一生富貴；有人則是歷盡滄桑，到臨終時還是一無所成。有的人埋怨世間的人海浮沉，沒有道理、沒有是非，只有奸詐權謀。若從眼前的狀況來看，確實是無法求得公平的；但若追溯到往世，知道我們也曾經為善為惡，對於今日的種種際遇，應該就能釋懷了。

但什麼才是我們該追求的呢？成為大企業的老闆？成為受人崇拜的明星級人物？成為公司的高階主管？成為有名望的政治人物？還是成為家財億萬的富豪？

我們必須了解，人生的真正價值，不是銀行帳戶裡的財富，不是股價的高低多少，不是政商資源的多寡，不是受人崇拜的表象。豈不見到或聽說，有的人曾經名震一時，卻利用這些資源圖利自己，到頭來不但毫無價值可言，甚至帶給社會，帶給自己家人種種負面的後果。所以人生的價值，應該建立在社會生命及歷史生命上，對自己的過去、現在、未來，都能做好本分中事，便能對自己的生命有所交代了。

如何才能夠做得到呢？就請你為自己的人生許一個好願吧！你可以許這樣的好願：「希望我這一生之中，不說謊、不造假、不投機取巧、不損人利己；我願盡分盡責、隨分隨力，使自己健康平安快樂，也使他人健康平安快樂。」

大家都可以成為富翁

所謂富有，多半是指物質金錢的富足。例如美國著名財經雜誌《富比士》，每年都會公布全球富豪的排行統計，主要就是從這些人所擁有的資產財富來排定名次。換句話說，就是以擁有金錢的數量來判斷一個人富有的程度。

早期臺灣社會，也曾經歷過貧困的年代，經過數十年經濟的穩定發展，才有今日社會的富裕繁榮。但是物質的財富，真的讓人幸福快樂嗎？

事實上，任何一個年代，都會使人感覺幸福或不幸福、快樂及不快樂。時至今日，物質的財富能為人帶來便利，同時也有可能為人造成煩惱。

所謂「飢寒起盜心」，似乎意味著物質生活改善之後，整體社會就能夠國泰民安，風調雨順。可是，另外也有一句話說「飽暖思淫欲」，指出物質財富的成長，並不一定能強化人的倫理觀及責任心，反而可能使得人心腐化，生活靡爛，造成社會的不安。

我不懂經濟學，我只知道人心如果偏向任何一種性質的極端之時，就會有問題。況且人生的快樂和幸福，並不等於物質財富的擁有，也不能從經濟條件的貧富來論定一個人生命價值之貴賤。也可以說，真正的財富不一定是金錢買得到，真正的財富在於我們內心世界的寬廣、豁達與包容。如能心包宇宙，財富即等同宇宙；如果能以大慈悲心對待一切眾生，一切眾生的財富，就等於是自己的財富了，全宇宙的財富也等於是自家的寶藏了。

以護持法鼓山的信眾而言，捐款支持法鼓山，看起來他們個人的財富好像變少了，其實卻是更加富有了，因為，他的財富與社會的財富進行了整合。就好比一小滴水流入大海之後，融入於大海，而與大海等量，一滴水的力量極其有限，大海創造的生命力則是無窮盡的。因此，懂得奉獻的人，才是真正懂得資產管理的人。

現代社會中，雖然每個人的機運與聰明才智不一定成正比，所能創造的財富也不一定，但是如果有機會時，不妨就奉獻多一些；如果沒有機會，就奉獻少一些。布施是財富，知足也是財富，因此不論機會多與少、有或無，也等於是恰到好處地在增添財富了。

以個人的聰明才智，加上努力，並適時掌握機遇，便能為個人創造最大的財富。如果人人都發揮各自的長才，善用機運，不計較你我多少，如此一來，相信每個人都可以成為快樂的富翁，我們的社會也就是富裕的人間淨土了。

無常與創新

近年來的臺灣青少年，都被「哈日」、「哈韓」的風潮所捲動，從髮型、服裝到手機等生活用品，處處呈現日本及韓國偶像明星的風格與造型，甚至在西門町也能看到把臉塗黑、頂著厚底高統靴的辣妹裝扮。我們究竟該如何看待這股風潮呢？禁止是沒有用的，反而應該正視流行的原因——因為它有創意、有嶄新的內容，所以才能帶起新的風潮。

日本的創新能力源自於「歐風美雨」。歐洲的工業革命、美洲的民主政治，一波波的新思潮東傳到日本之後，掀起日本的明治維新改革；影響所及，不僅是政治，也滲透到文化生態。日本可說是接受西化程度最深的國家之一，譯介歐美著作也不遺餘力，歐美的每一本暢銷書出版後不久，日文版很快就上市。日本人廣泛吸收歐美文化思想以及科技的開發，一如唐朝時代派「遣唐史」到中國取經的精神。

諸如社會學、政治學、現代美術以及現代舞蹈等，都不存在於日本傳統文化中，而是大量吸收歐美的藝術及其思潮的成果。此外，我們知道故總統蔣中正、將軍何應欽等人曾到日本學習新軍事，然而日本的現代軍事也是向歐美學來的。

在吸收外來文化的過程中，難免與本土文化產生摩擦。有摩擦不一定不好，只要能夠融合本土文化的內涵，再加以創新，就可能成為新的特色。曾經來臺演出的英國阿喀郎・汗（Akram Khan）舞團，編舞者本身是印裔人，幼年時到英國學習芭蕾舞，他的舞蹈結合了印度的古典舞以及英國的現代舞，運用幾何、數學的元素，成就獨樹一幟的舞蹈創作。而臺灣的林懷民，早年到美國向舞蹈大師瑪莎・葛蘭姆（Martha Graham）學習西方現代舞，回來之後他所創辦的雲門舞集，舞作之中富含了中國文化的儒家、道家與佛教的精神，每次在東、西方各國演出，均受到高度的評讚。這就是創意與各種文化融合的成功之例。

雖然技術可以被學習，但創意本身卻無法複製。哈日、哈韓的風潮，代表的是對創新的嚮往與欣慕——因為內涵具有新意，因此容易被新世代的青年共同接受；如果缺乏創意，那就無法蔚為風潮了。

佛法所說的無常，正有日新又新的涵義，也有不斷變異的意思。如果能以智慧來因應，便是不斷地適應，從適應中創新，就能經常保持活力；如果沒有智慧，便成抱殘守舊，終究淪為被時代淘汰的命運。法鼓山之所以被視為社會的啟蒙運動者，原因即在於警覺到隨時有被新時代淘汰的危機，與其憂慮危機的來臨，不如開創新機以帶動風氣，便能於老態尚未出現之前，已有另一股新生的氣象呈現在世人面前了。

國家圖書館出版品預行編目資料

人間世 / 聖嚴法師著 . -- 三版 . -- 臺北市 :
法鼓文化 , 2024.05
面 ;　公分
ISBN 978-626-7345-28-3 (平裝)

1.CST: 佛教修持　2.CST: 生活指導

225.87　　113002345

人間淨土 8

人間世

Matters in the Human World

著者　聖嚴法師
出版　法鼓文化

總審訂　釋果毅
總監　釋果賢
總編輯　陳重光
編輯　林文理、李書儀
封面設計　化外設計
內頁美編　胡琡珮
地址　臺北市北投區公館路 186 號 5 樓
電話　(02)2893-4646
傳真　(02)2896-0731
網址　http://www.ddc.com.tw
E-mail　market@ddc.com.tw
讀者服務專線　(02)2896-1600
初版一刷　2004 年 3 月
三版一刷　2024 年 5 月
建議售價　新臺幣 260 元
郵撥帳號　50013371
戶名　財團法人法鼓山文教基金會 — 法鼓文化
北美經銷處　紐約東初禪寺
Chan Meditation Center (New York, USA)
Tel: (718) 592-6593　E-mail: chancenter@gmail.com

法鼓文化